자본주의 사회주의 홍익주의

자본주의 사회주의 이후 사회를 이끌어갈
새로운 패러다임-홍익주의

資本主義
社會主義
弘益主義

심백강 지음

바른역사

| 차 례 |

서문_ 해제를 겸하여 • 6

**제1장 고조선의 홍익인간 사상과 자본주의 이후
　　　 사회의 대안 홍익주의**

1. 머리말 • 48
2. 고조선은 어떤 나라인가 • 50
3. 고조선의 건국이념 홍익인간 • 62
4. 홍익인간 사상과 자본주의 이후 사회의 대안 홍익주의 • 65
5. 맺는말 • 81

**제2장 개천절에 생각하는 한민족의 진로,
　　　 - 홍익주의, 모범한국, 세계지도국가 건설**

1. 개천절의 의미 • 84
2. 아시아태평양시대는 중국몽과 한국혼의 대결의 시대가
   될 것이다 • 88
3. 중국몽과 한국혼의 대결에서 한국이 최후의 승자가 되기
   위한 3대 실천방안 • 97
4. 우리의 최종 목표는 홍익주의, 모범한국, 세계지도국
   건설이다 • 102
5. 마무리 • 105

제3장 한민족의 반만년 중심철학 홍익인간

1. 한민족의 가슴에 대못을 박은 사람들 • 110
2. 한민족의 가슴에 칼을 꽂은 현대판 12적 • 113
3. 한민족의 반만년 중심철학 홍익인간 • 117
4. 한국인이여! 잃어버린 민족혼 홍익인간을
   되찾아서 밝달민족의 새역사를 다시 써보자 • 146

제4장 한국의 홍익인간 사상이 동아시아의 사상에 미친 영향

1. 머리에 • 150
2. 유가의 인仁, 중용사상과 홍익인간 • 155
3. 도가의 현지우현玄之又玄 사상과 홍익인간 • 168
4. 불가의 자비사상과 홍익인간 • 182
5. 맺는말 • 189

제5장 한국의 홍익인간 정신과 세계평화

1. 자본주의 이후의 사회와 그 대안 홍익인간 정신 • 194
2. 한국의 홍익인간 정신과 세계평화 • 202

부록 자본주의 이후의 사회와 백운 심대윤의 복리주의福利主義

1. 머리말 • 212
2. 심대윤은 누구인가 • 216
3. 자본주의 이후의 사회와 심대윤의 사상 • 240
4. 맺는 말 • 260

서문

해제를 겸하여

▎자본주의

자본주의는 개인이 자본, 토지, 공장 등 생산수단을 사적으로 소유하고 이윤추구를 목적으로 한 자유로운 경제활동을 허용하는 경제체제이다.

자본주의는 16세기 유럽의 상업자본주의에서 출발하여 18~19세기 산업혁명을 통한 산업자본주의로 발전했고, 20세기에 금융시장이 자본축적의 중심이 되면서 금융 자본주의로 탈바꿈했다. 1980년대 이후로는 정부 규제 축소와 시장 자유화가 강조되면서 신자유주의 자본주의 시대로 진입하였다.

자본주의는 오늘날 세계 대부분의 국가에서 채택하고 있는 경제체제로서 효율, 혁신, 성장을 장점으로 꼽을 수 있는 반면 빈부격차, 노동착취, 환경파괴 등이 결함으로 지적된다.

현대 산업국가에서 자본주의제도를 도입하여 자본주의가

정상적으로 작동한 나라는 빈곤에 허덕인 경우를 찾아보기 어렵다. 산업혁명 이후 서구 자본주의 국가들은 강대국가로 급부상했고 자본주의를 수용한 대부분의 저개발국들 역시 생활수준은 크게 향상되고 경제는 놀랍게 발전하였다.

자본주의는 배고픈 사람을 배부르게, 가난한 나라를 부유하게 만든다. 인류역사상 빈곤을 해결하는데 자본주의만큼 좋은 제도는 일찍이 없었다.

그러나 물질적 부가 바로 인간 행복으로 직결되는 것은 아니다. 물질적 풍요는 인간에게 쾌락의 향유를 가능하게 하지만 마음의 평화를 가져다주지는 못한다.

애플 창업자 스티브 잡스(1955~2011)는 미국의 성공적인 기업가이다. 그는 "내가 인생에서 단 한 사람과 점심을 함께 할 수 있다면 나는 소크라테스를 선택하겠다."라고 하였다. 이는 잡스가 기술혁신을 통한 부의 창출 못지않게 인간의 본질에 대한 탐구를 중요시했음을 말해준다.

물질적으로 세계적 갑부의 반열에 오른 잡스는 왜 삶의 본질에 관심을 기우렸을까. 기술혁신으로 쌓은 세계적 재부(財富)가 곧 인생의 행복을 여는 열쇠는 아니기 때문이다.

물질적 부와 과학기술은 사람 몸의 불편함을 해소하고 일상생활을 편리하게 하는데 크게 기여한다. 하지만 그것이 마음의 불행을 행복으로 바꾸어주지는 못한다. 이것이 기업가로서 크게 성공한 잡스가 소크라테스를 만나 인생의 본질적인 질문에 대한 조언을 듣기를 바랐던 이유가 아니겠는가.

사람은 천사가 아닌 육체를 소유한 인간이므로 완전히 무소유가 될 수는 없다. 누구나 의, 식, 주를 필요로 하며 기본적인 의, 식, 주를 해결하지 못하면 불안하고 불편하다.

그러나 시장 상업주의를 통해 인간의 사리사욕의 극대화를 허용하는 자본주의는 의, 식, 주의 해결에 만족하지 않고 그 축적을 위한 필사적인 투쟁을 벌이게 되고 너나 할 것 없이 피나는 생존경쟁의 사투를 지속하는 가운데 한 번뿐인 소중한 인생은 송두리째 소진되고 만다.

자본주의는 생존경쟁, 적자생존, 자연도태로 이어지는 악순환의 고리 속에서 마음의 안정과 평화는 저 멀리 도망친다.

자본주의는 개인의 자유를 존중하고 자유경쟁을 통해 이윤을 추구함으로써 인류에게 물질적 풍요의 향유를 가능하게 하지만 인간성 타락, 빈부 불평등, 환경 파괴를 불러온다는 단점이 있는 것이다.

사회주의

윈스턴 처칠은 "자본주의의 결함은 축복을 모든 사람이 골고루 나누어 가질 수 없는 것이다."라고 지적하였다. 이러한 모순과 결함을 안고 있는 자본주의는 결국 붕괴되고 사회주의로 대체되게 된다고 먼저 제창한 사람은 칼 마르크스이다.

슘페터(1983~1950)는 "자본주의는 스스로의 성공으로 인해서 멸망한다."는 역설적 결론을 내리며 자본주의는 결국 해체될 것이라는 마르크스의 주장에 동조하였다.

슘페터는 "자본주의 사회의 불가피적인 해체에 뒤이어 사회주의적 사회형태가 또한 불가피적으로 출현한다."는 것을 지적하며 다음과 같이 말하였다.

"생각컨대 마르크스는 예언자였다. 사회주의라는 현세의 낙원을 약속하는 마르크스의 계시는 수백만의 사람들의 마음속에 새로운 한줄기의 광명과 새로운 인생의 의미를 가져오게 해주는 것이었다."

슘페터는 마르크스가 내세운 사회주의를 현세의 낙원을 약속하는 것으로 미화하며 극찬을 아끼지 않았다.

사회주의는 생산수단을 국가나 공공단체가 소유하고 자원이 어느 한쪽에 편중되지 않고 모든 사람이 평등하게 잘 살

수 있도록 계획적으로 분배하는 것을 목표로 하는 경제체제이다.

경제활동을 시장에 맡기지 않고 국가가 계획하고 조정하며 모든 국민의 기본적인 생활 보장을 중시하고 기업도 이윤보다 국민 전체의 복지를 중요시한다는 점에서 자본주의와 크게 차별화된다.

사회주의의 역사를 살펴보면 칼 마르크스가 공산당선언에서 자본주의를 비판하고 사회주의 이론을 제창하면서 본격적으로 등장했다. 그러니까 사회주의는 산업혁명 이후 자본주의의 병폐로 인한 노동착취, 빈부격차, 환경파괴의 심화에 반대하여 자본주의의 모순을 극복하기 위한 대안으로서 19세기에 출현한 경제체제이다.

1917년 러시아혁명을 통해 최초의 사회주의 국가 소련이 탄생했고 중국, 쿠바, 동독, 베트남, 북한 등도 사회주의 국가 대열에 동참했다. 20세기에는 미국의 자본주의와 소련의 사회주의가 대립하는 냉전시대가 전개되었다.

그러나 21세기에 접어든 지금 소련과 동독은 붕괴되고 중국, 베트남 같은 사회주의 국가들은 자본주의 시장경제를 받아들여 혼합적인 형태를 지향하고 있다. 중국의 경우 공산당 체제를 그대로 유지하면서 시장경제를 받아들였다. 이것을 중국 특색의 사회주의라고 말한다.

왜 사회주의는 자본주의를 대체하지 못하고 스스로 몰락의 길을 걷거나 변질될 수 밖에 없는 운명에 처하게 되었는가. 사회주의는 빈부격차를 해소하고 골고루 잘사는 평등한 세상을 지향하지만, 개인의 자유와 창의성 제한, 지나친 국가개입 등은 무사안일주의, 효율성 저하 등의 폐단을 낳았고 결과적으로 평등한 부가 아닌 평등한 빈곤을 초래하게 되었기 때문이다. 20세기 이후 사회주의 체제를 시행한 국가들은 하나같이 모두 빈곤에 시달렸다는 사실이 그것을 잘 설명해준다고 하겠다.

사회주의는 생산물을 능력에 따라 분배하는 것이 아니라 필요에 따라 분배하고 이윤을 경제활동의 목표로 하지 않고 공공의 복지를 목표로 한다는 고상한 이상을 지니고 있지만 결국 실패할 수 밖에 없었던 또 하나의 중요한 이유는 방법론상에서 찾을 수 있다고 본다.

예컨대 마르크스가 제창한 사회주의는 병든 자본주의의 모순과 폐단을 극복하기 위해서 자본주의의 다음 단계로 제시한 사회체제이다. 따라서 사회주의는 자본주의가 극도로 발달한 국가에서 이 체제를 운용했었어야 마땅하다.

그런데 소련, 중국, 쿠바, 베트남, 북한 등 하나같이 극도로 빈곤한 나라들이 사회주의를 채택했다. 이들 사회주의 국가들은 초기에는 대체적으로 어느 정도 성과를 거두었으나 장기적으로는 계획경제의 비효율성으로 인해 다수 국가가 저성장의 늪에 빠져 헤어나지 못했다. 사회주의는 평등한 분배에 촛점을 맞춘 경제체제이다. 이런 나라들은 나눌 재산 자체가 없는데(無産) 무슨 평등한 분배(分産)를 거론할 여지가 있겠는가.

그 결과 20세기 후반 전세계 대부분의 사회주의 국가들은 자본주의로 돌아서거나 또는 자본주의 시장경제를 도입하여 혼합경제체제를 채택했다.

현재 공식적으로 사회주의를 표방하는 국가는 중국, 북한, 베트남, 쿠바, 라오스 등이 있다. 그러나 대부분 시장경제요소를 도입하여 사회주의 시장경제체제를 운영하고 있으며 가장 폐쇄적으로 사회주의를 고집하는 나라는 북한과 쿠바를 들 수 있지 않을까 한다.

칼 마르크스는 자본주의가 붕괴되고 사회주의 체제로 전환될 것을 예측했지만 그의 예측은 빗나갔고 오늘날 자본주의는 여전히 세계를 지배하는 이데올로기로서 작용하고 있다.

▎홍익주의

현대인류는 자본주의도 경험하였고 사회주의도 경험하였다. 이 두 체제가 안고 있는 장단점을 모두 인지하고 있다. 그래서 오늘날 대부분의 국가는 순수 자본주의나 사회주의가 아닌 이 두 체제가 혼합된 경제체제를 지향하고 있는 것이다.

독일, 프랑스, 캐나다 같은 나라들은 자본주의 국가지만 강한 사회복지제도를 운영한다. 자본주의적 성장과 사회주의적 분배를 아울러 성공적으로 시행하려고 노력하고 있다.

중국과 베트남은 사회주의 국가인데 시장경제 제도를 도입하여 자본주의와 사회주의를 섞은 체제를 운영하고 있다. 사회주의 국가는 사회주의에 시장경제를 도입하는 한편 자본주의 국가는 자본주의에 복지 환경 등을 추가하여 혼합한 형태로 가고 있는 것이 오늘날의 세계적인 추세이다.

미래사회는 자본주의와 사회주의의 결함을 극복하고 이 양자의 장점을 창조적으로 결합하는 방향으로 갈 것이라고 보는 것이 필자의 생각이다.

따라서 필자는 자본주의 이후의 사회를 이끌어갈 새로운 패러다임으로서 홍익주의를 제시한다.

홍익주의란 무엇인가. 홍익인간弘益人間은 우리 민족의 건국이념이다. 홍익인간은 수천 년 동안 한국인의 정신세계를 이끌어 왔다. 홍익인간 네 글자를 분석해보면 '익益'은 이익 즉 인간의 기본적인 욕구인 사익을 말하고 '홍弘'은 이익을 혼자서 독점하지 않고 더불어 함께 누리는 공익을 가리킨다. 그리고 '인간'은 천사도 아니고 동물도 아닌 육체와 양심을 아울러 소유한 인간을 의미한다.

물질의 사유화를 허락하고 사욕을 극대화하는 자본주의는 더불어 함께 누리는 공익의 정신이 부족하고 분배와 평등을 강조하는 사회주의는 함께 잘사는 사회를 지향하지만 효율성의 저하라는 폐단을 낳는다.

홍익인간의 '익'에는 사익을 배격하지 않고 이윤추구에 대한 인간의 기본적인 욕구를 인정하는 자본주의의 시장경제 사익정신이 담겨 있고 '홍'에는 더불어 함께 잘사는 사회를 지향하는 사회주의의 공익정신이 내포되어 있다. 그러므로 사익과 공익 양자의 병행을 추구하는 홍익주의는 자본주의의 장점과 사회주의의 장점을 모두 포괄하고 있다.

그리고 홍익주의가 자본주의나 사회주의와 구별되는 또 다른 점은 사회주의는 마르크스의 "의식은 물질의 산물이다."에서 알 수 있듯이 물질을 인간보다 상위 개념으로 파악한다. 자본주의는 아담 스미스의 "우리는 도살업자, 양조업자, 제빵업자의 자비심이 아니라 그들이 자기 이익을 추구하기 때문에 저녁 식사를 얻는다."라고 말한 바와 같이 인간의 이기심이 사회 전체를 작동시키는 원동력이 된다고 믿는다. 그러나 홍익주의는 물질이 아닌 인간을, 이기심이 아닌 양심을 최상의 가치로 여긴다.

현대 서구사회에서 자본주의의 효율성과 복지의 공공성을 결합해 "잘사는 나라+함께 사는 사회"를 지향함으로써 시장 중심의 경제와 국가의 사회적 책임을 조화시키려는 자본주의의 새로운 형태로 출현한 것이 복지자본주의이다. 대표적인 나라들로 스웨덴, 덴마크, 핀란드, 노르웨이, 독일, 프랑스 등을 들 수 있다.

그러나 정부가 적극적으로 복지정책을 도입해 국민의 빈부 격차를 줄이고 시장과 복지의 균형을 추구하더라도 물질과 이기심을 최상위 개념으로 인식하는 사람들의 가치관이 바뀌지 않는다면 즉 자본주의적 물질 만능 정신을 바꾸지 않는다면 국민소득의 증가와 함께 행복지수가 따라서 동반 상승하는 것은 아니다.

의사가 인술을 펼치는 것을 목표로 하지 않고 오로지 돈을 버는 것을 목적으로 환자를 대한다면 그의 수입이 아무리 증가 되어도 행복지수는 동반 상승하지 않는다. 단지 통장의 잔

고가 증가할 뿐이다.

변호사가 사회의 약자를 돌보아 주려는 의식 없이 오로지 수입을 올리는데만 관심을 쏟는다면 그의 연봉이 상향된다고 하더라도 그의 행복지수는 덩달아 향상되지 않는 것이다.

대한민국은 자본주의 국가이다. 특히 한국은 미국, 일본, 독일, 프랑스, 영국, 캐나다, 호주 등과 함께 선진자본주의국가 대열에 속한다. 1960년 한국의 1인당 GDP는 약 79달러였다. 불과 60년 전만 하더라도 세계 최빈국이었는데 이제는 국민소득이 36,000불에 달하여 한강의 기적을 이룩했다.

그러면 한국이 경제적으로 세계 10대 국가가 되었다고 해서 세계 195개 국가 가운데 열 번째로 행복한 나라인가. 자살률 세계 최고, 이혼율 세계 최고라는 수치는 한국 국민이 경제적으로 발전했지만 정신적으로 행복하지 않다는 것을 보여주는 단적인 증거이다.

한국이 국민소득으로 보면 60년 전보다 백배 아니 몇백배 더 잘사는 나라가 되었는데 한국 국민은 왜 행복하지 않은 것인가. 인간의 물질적 욕망은 끝이 없다. 욕망은 무한한데 물질을 최상위 개념으로 인식하는 자본주의적 인생관 가치관이 바뀌지 않았기 때문이다.

현재 세계에서 일인당 국민소득이 가장 높은 나라는 룩셈부르크로서 135,321 USD이다. 그러나 세계에서 행복지수가 가장 높은 나라는 룩셈부르크가 아니라 핀란드이다. 핀란드는 8년 연속 행복지수 세계 1위를 차지하고 있다. 핀란드의 1인당 국민소득은 USD 54,160이다. 룩셈부르크의 절반에도 못 미친다.

코스타리카의 1인당 국민소득은 17,501 USD이다. 코스타리카와 룩셈브르크는 국민소득으로 보면 7배 이상 차이가 난다. 그러나 룩셈부르크의 세계 행복지수는 9위, 코스타리카의 행복지수는 6위이다. 이는 소득수준이 행복과 정비례하지 않는다는 것을 말해주는 좋은 사례이다.

일본의 1인당 GDP는 약 32,859 달러, 한국은 36,113 달러이다. 일본에 비해 한국이 3,000 달러 이상 앞섰다. 그러나 한국의 행복지수는 세계 51위로서 OECD 국가 중 꼴찌에 가깝다.

한국과 미국은 자본주의 국가지만 국민연금, 의료보험 등을 시행하고 있는데 이는 원래 자본주의가 아닌 사회주의 체제에서 강조하는 것이다. 이는 한국이나 미국이 복지 자본주의로 가고 있다는 증거이다.

그러나 제도적으로 아무리 자본주의의 결함을 보완하고 시스템을 바꾸어도 자본주의의 기본정신 즉 물질적 부를 제일의 가치로 여기는 가치관을 바꾸지 않는다면 인류는 결코 행복으로 초대될 수 없다.

자본주의 국가에서 기업가가 이윤보다 국민 전체의 복지를 목표로 하기 위해서는 기업가의 인생관 가치관이 변해야 한다.

의사나 변호사가 수입이 증대된다고 해서 세상이 변하는 것이 아니다. 물질을 인생의 최상위 개념으로 생각하는 그들의 의식과 인생관이 바뀔 때 세상이 변한다. 즉 사회의 구성원인 한 사람 한 사람의 가치관이 물질보다 인간, 이기심보다 양심을 존중하는 형태로 변해야 전체 사회가 변화한다는 것이다.

홍익주의는 홍익인간주의의 줄인 말이다. 여기서 인간이란 육체와 양심을 아울러 소유한 인간을 말한다. 육체를 소유했으므로 사익을 부정할 수 없고 양심을 소유했으므로 공익을 부정할 수 없다. 공익적 양심을 가진 인간으로서 육체가 요구하는 사익을 적절히 조절하면서 함께 잘사는 사회를 만들어가자는 것이 홍익주의의 요체이다.

자본주의나 사회주의에선 인간이 물질의 부차적인 요소로 전락되어 있거나 인간의 모습은 초라하여 잘 보이지 않는다. 인간을 최상위 개념으로 설정하고 특히 인간의 욕심이 아닌 본심과 양심의 중요성을 강조하는 것이 홍익주의이다.

스웨덴의 복지 자본주의는 물질 만능적 자본주의의 기본정신은 놓아둔 채 형식만 변경한 것이다. 따라서 복지 자본주의는 미래사회의 인류를 행복의 세계로 안내할 대안이 못 된다. 중국 특색사회주의는 위기에 처한 사회주의가 가난을 벗어나기 위해 변화를 시도하다가 변질된 것이다.

자본주의는 경제적 부를 가져다주는 반면 부패를 수반한다는 특징이 있다. 부패는 물질적 풍요의 속성이다. 일당독재를 하는 사회주의국가에서 자본주의적 시장경제를 도입하면 방부제 역학을 담당할 수 있는 기능이 없기 때문에 자본주의 사회보다도 더 심각한 부패 현상이 일어나고 부패의 극대화로 인해 시장경제 사회주의는 결국 패망할 수 밖에 없다. 그러므로 중국 특색의 사회주의 즉 시장 사회주의 또한 미래의 세계를 이끌어갈 새로운 대안이 되기 어렵다.

사회주의와 자본주의가 물질에 초점을 맞추면서 간과한 인간, 이기심이 아닌 본심과 양심을 지닌 인간을 정점에 두고 경제와 도덕의 조화와 사익과 공익의 균형적 삶을 강조하는 홍익주의는 미래사회를 이끌어갈 대안이 될 수 있을 것으로 확신한다.

20세기 최고의 역사학자이자 미래학자인 아놀드 토인비는 1973년 한 언론과의 인터뷰에서 한국의 건국이념인 홍익인간 정신을 21세기를 지도할 핵심사상으로서 높이 평가하였다.

40년간 인류문명과 역사를 탐구하여 『역사의 연구』라는 12권의 방대한 저서를 남긴 세계 최고의 석학 토인비가 지금으로부터 50여 년 전 세계인류공영을 위한 최고의 핵심가치로서 한국의 홍익인간 정신을 주목했다는 것은 매우 중요한 의미가 있다.

한국의 홍익인간 이념은 비단 토인비만 주목한 것이 아니다. 『25시』의 작가인 루마니아의 게오르규 신부는 "인간을 이롭게 하는 홍익인간 정신은 개인의 어려움은 물론 세계의 모든 난제를 풀 수 있다."고 말하며 "홍익인간이라는 단군의 통치이념은 지구상에서 가장 위대하고 완벽한 법률이다."라고 극찬을 아끼지 않았다.

게오르규 신부는 홍익인간 이념을 단순한 철학이나 종교적 차원을 넘어 지금 인류와 세계가 당면한 난제를 풀 수 있는 지구상에서 가장 위대하고 완벽한 통치체계로서 높이 평가한 것이다.

노벨평화상 수상자인 산체스 아리아스 전 코스타리카 대통령은 "홍익인간 정신은 한국만의 것이 아니라 인류 모두가 공유해야 할 인류사적인 자산"이라고 밝힌 바 있다.

지금 사회주의는 실패했고 자본주의는 막다른 골목에 이르러 가쁜 숨을 몰아쉰 채 출구를 찾지 못하고 있다. 미국과 중국의 패권전쟁은 날이 갈수록 격화되고 세계 곳곳에서는 첨단무기를 이용한 인명 살상의 야만적 포화가 멈추지 않고 있다.

공존과 상생의 정신은 찾아볼 수 없고 오로지 자신과 자국의 이익만을 위한 투쟁과 경쟁이 난무하는 가운데 인류는 지금 언제 터질지 모르는 3차 대전의 공포 속에서 가슴 졸이며 살아가고 있다.

이것이 우리 국조 단군의 통치이념인 홍익인간 정신이 오늘날 더욱 절실하게 요청되는 이유이고 세계 최고의 석학 토인비가 21세기를 지도할 핵심 사상으로서 홍익인간을 주목한 이유일 것이다.

홍익인간은 한 사람의 무고한 생명의 손상도 용인하지 않는 인류애를 표방한다는 점에서 폭력을 정당화하는 사회주의와는 근본적으로 다르다. 홍익인간은 나의 이익만 생각하는 것이 아니라 남의 이익도 배려하고 공존 상생, 역지사지의 정신을 강조한다는 점에서 나만 잘 살려고 발버둥치는 자본주의 정신과도 구별된다.

그동안 서구에서 존 케네스 갤브레이스(1908~2006) 피터 드러커(1909~2005) 등을 비롯한 많은 석학들이 자본주의 이후의 사회를 이끌어갈 새로운 패러다임을 논의하고 언급한 바 있다. 그러나 새로운 패러다임이 필요하다는 것을 강조하는 데 그쳤을 뿐 자본주의 이후의 사회를 이끌어갈 뚜렷한 새로운 대안을 제시한 사람은 드물었다.

필자는 홍익주의를 자본주의와 사회주의를 넘어 21세기를 이끌어갈 대안으로 제시한다. 특히 한국은 이념경쟁이 사라진 현대사회에서 자본주의와 사회주의가 가장 첨예하게 대립하고 있는 마지막 분단국가이다.

한국에서 자본주의로 통일하려고 하면 북한이 반대하고 사회주의로 통일하자고 하면 한국이 반대할 것이다. 자본주의나 사회주의로는 영원히 남북통일은 불가능하다.

홍익주의가 한국에서 먼저 시범적으로 운영되어 한국의 이념 장벽이 허물어져 남북통일의 새 시대가 열린 후 밖으로 홍익주의가 세계로 퍼져나가 인류행복 세계평화를 선도하는 견인차 역할을 하게 되기를 기대한다.

다만 홍익주의는 이제 막 세상에 모습을 드러냈다. 굳은 땅을 뚫고 얼굴을 내민 새싹과 같다. 이 가냘픈 새싹을 잘 키워서 하늘을 떠받치는 거목으로 성장시키는 것은 우리 단군의 자손 한민족 모두에게 주어진 몫이다. 이것이 비록 부족하기 이를 데 없지만 단편적인 발표 논문 몇 편을 묶은 본서를 세상에 내놓는 이유이다.

끝으로 필자는 앞으로 세계의 미래를 바꿀 인물로서 일론 머스크를 주목한다. 일론 머스크는 지구가 영원히 안전하지 않으며 인류가 멸종의 위기를 피하기 위해서는 지구 밖으로 나가야 된다고 믿는다. 그래서 그가 설립한 스페이스X(spacex)는 인간의 화성 이주를 장기적인 목표로 삼고 있다.

일론 머스크는 개인적 이윤추구라는 단순한 기업가 마인드를 넘어 혁신적 기술을 통해 인류 전체의 삶을 개선하려는 의지를 갖고 있다는 점에서 그의 정신은 매우 높이 평가할만 하다.

기후문제, 에너지 위기 등을 심각하게 받아들이며 지구를 떠나 화성 이주를 생각하는 발상 자체는 탁월하지만 그것이 현실화되기에는 장벽이 너무 많다. 또 그것이 설령 현실화된다 하더라도 지구를 멸망시킨 인종인 물질만능주의적 자본주의에 길들여진 현대 인류를 화성에 이주시켜 놓는다면 그들은 머지 않아 다시 화성을 망가뜨려 사람이 살 수 없게 만들 것이 뻔하다.

일론 머스크는 2025년 7월 5일 미국의 정치적 대안 제공을 위해 새로운 정당 아메리카 당 창당을 선언했다. 홍익인간주의를 아메리카 당의 기치로 내걸고 죽어가는 지구를 다시 살리고 타락한 인간 양심을 다시 회복하여 화성이 아닌 지구를 미래 인류가 다 함께 행복하게 잘 살 수 있는 세상으로 재탄생시키는데 박차를 가해줄 것을 제안한다. 이 문명과 역사를 바꾸는 위대한 일은 미국의 일론 머스크와 한국의 심백강이 손을 맞잡으면 이상이 아니라 10년 안에 현실이 될 것으로 믿어 의심치 않는다.

2025년 8월 15일 광복절에
용문산 백운봉 아래 무이당无貳堂에서 **심백강**

Introduction

▌ Capitalism

Capitalism is an economic system in which individuals privately own the means of production, including capital, land, and factories, and permit free economic activity aimed at profit-seeking.

Capitalism originated from commercial capitalism in 16th-century Europe, evolving into industrial capitalism through the Industrial Revolution of the 18th and 19th centuries. It then transformed into financial capitalism in the 20th century, as financial markets became the center of capital accumulation. Since the 1980s, with the emphasis on reducing government regulation and liberalizing markets, we have entered the era of neoliberal capitalism.

Capitalism, the economic system adopted by most countries around the world today, boasts advantages such as efficiency, innovation, and growth. However, its shortcomings include the gap between rich and poor, labor exploitation, and environmental destruction.

It is difficult to find a case in which a modern industrialized nation, where capitalism has functioned properly, has suffered from poverty. After the Industrial Revolution, Western capitalist nations rapidly emerged as powerful nations, and most underdeveloped countries that adopted capitalism also saw their standards of living significantly improve and their economies achieve remarkable growth.

Capitalism feeds the hungry and enriches poor countries. Throughout human history, no system has been more effective at solving poverty than capitalism.

However, material wealth does not directly lead to human happiness. While material abundance allows people to enjoy pleasure, it does not bring peace of mind.

Steve Jobs(1955~2011), the founder of Apple, was a successful American entrepreneur. He once said, "If I could have lunch with just one person in my life, it would be Socrates." This demonstrates that Jobs valued exploring human nature as much as he valued wealth creation through technological innovation.

Why did Jobs, who rose to become one of the world's wealthiest men in terms of material wealth, focus on the essence of life? Because global wealth accumulated through technological innovation is not the key to happiness.

Material wealth and technology greatly contribute to alleviating physical discomfort and facilitating daily life. However, they cannot transform mental unhappiness into happiness. Isn't this why Jobs, a highly successful entrepreneur, longed to meet Socrates and receive advice on life's fundamental questions?

Because humans possess bodies, not angels, they cannot completely be free of possessions. Everyone needs food, clothing, and shelter, and failing to meet these basic needs leads to anxiety and discomfort.

However, capitalism, which allows for the maximization of human self-interest through market commercialism, is not satisfied with simply meeting these needs. Instead, it engages in a desperate struggle to accumulate them. In the constant, bloody struggle for survival, everyone's precious life is completely consumed.

Capitalism, in its vicious cycle of survival of the fittest, and natural selection, evades mental stability and peace.

Capitalism respects individual freedom and pursues profit through free competition, enabling humanity to enjoy material abundance. However, it also has the disadvantage of causing human corruption, inequality between the rich and the poor, and environmental destruction.

▮ Socialism

Winston Churchill pointed out that "the flaw of capitalism is that its blessings cannot be shared equally by all." Karl Marx was the first to suggest that capitalism, burdened with these contradictions and flaws, would eventually collapse and be replaced by socialism.

Schumpeter(1983~1950) agreed with Marx's assertion that capitalism would eventually disintegrate, paradoxically concluding that "capitalism perishes because of its own success."

Schumpeter pointed out that "following the inevitable disintegration of capitalist society, a socialist form of society would also inevitably emerge," and stated:

"Marx, I believe, was a prophet. His revelation, promising a worldly paradise called socialism, brought a new ray of light and a new meaning to life to millions of people."

Schumpeter lavished praise on Marx's socialism, glorifying it as a promise of a worldly paradise.

Socialism is an economic system in which the means of production are owned by the state or public entities and resources are distributed in a planned manner to ensure equal well-being for all, without any concentration in favor of any one party.

It differs significantly from capitalism in that economic activity is planned and coordinated by the state rather than left to the market, that basic livelihood security is prioritized for all citizens, and that corporations prioritize the well-being of the entire nation over profit.

Looking at the history of socialism, it first emerged in earnest when Karl Marx criticized capitalism and advocated socialist theory in The Communist Manifesto. Thus, socialism emerged in the 19th century as an alternative to capitalism's contradictions, opposing the ills of capitalism following the

Industrial Revolution: labor exploitation, the widening gap between the rich and poor, and environmental destruction.

The Russian Revolution of 1917 led to the birth of the first socialist state, the Soviet Union. China, Cuba, East Germany, Vietnam, and North Korea also joined the ranks of socialist states. The 20th century witnessed the Cold War, a period of conflict between American capitalism and Soviet socialism.

However, as we enter the 21st century, the Soviet Union and East Germany have collapsed, and socialist countries like China and Vietnam have embraced capitalist market economies and are pursuing hybrid forms. China, for example, has embraced a market economy while maintaining its communist system. This is known as socialism with Chinese characteristics.

Why did socialism fail to replace capitalism and instead face its own downfall or transformation? While socialism aims to eliminate the gap between rich and poor and create an equitable world where everyone prospers, restrictions on individual freedom and creativity, along with excessive state intervention, have led to complacency and reduced efficiency, ultimately resulting in equal poverty rather than equal wealth.

The fact that all countries that have implemented socialist systems since the 20th century have suffered from poverty illustrates this point. While socialism possesses noble ideals such as distributing production according to need rather than ability, and aiming for public welfare rather than profit as the goal of economic activity, another important reason for its eventual failure lies in its methodology.

For example, socialism, advocated by Marx, was a social system presented as the next stage of capitalism to overcome the contradictions and ills of diseased capitalism. Therefore, socialism should have been implemented in countries where capitalism was highly developed.

However, extremely impoverished countries like the Soviet Union, China, Cuba, Vietnam, and North Korea all adopted socialism. While these socialist countries generally achieved some degree of success initially, the inefficiencies of their planned economies ultimately led many to sink into a swamp of low growth, unable to escape. Socialism is an economic system focused on equal distribution. In these countries, where there was no property to share(no property), how could equal distribution (divided property) be discussed?

As a result, in the latter half of the 20th century, most socialist countries around the world either reverted to capitalism or adopted a mixed economic system by adopting a capitalist market economy.

Currently, countries that officially advocate socialism include China, North Korea, Vietnam, Cuba, and Laos. However, most countries operate a socialist market economy by introducing market economic elements, and the countries most closely entrenched in socialism are North Korea and Cuba.

Karl Marx predicted the collapse of capitalism and its transition to a socialist system, but his prediction was wrong, and today, capitalism still operates as the dominant ideology in the world.

▍Hongikism

Modern humanity has experienced both capitalism and socialism. We recognize the strengths and weaknesses of both systems. Therefore, most countries today pursue an economic system that blends the two, rather than pure capitalism or socialism.

Countries like Germany, France, and Canada are capitalist states, yet operate robust social welfare systems. They strive to successfully implement both capitalist growth and socialist distribution.

China and Vietnam are socialist states, yet they have adopted market economic systems, creating a hybrid system of capitalism and socialism. This is a global trend: socialist states are adopting market economics with socialism, while capitalist states are blending capitalism with welfare systems and other elements.

The author believes that future societies will overcome the flaws of both capitalism and socialism and creatively combine the strengths of both. Therefore, the author proposes Hongikism as a new paradigm to lead a post-capitalist society.

What is Hongikism? Hongik Ingan (弘益人間) is the founding ideology of our nation. Hongik Ingan has guided the Korean spiritual world for thousands of years. Analyzing the four characters of Hongik Ingan, "ik" (益) refers to self-interest, a fundamental human need. "Hong" (弘) refers to the public interest, not monopolizing it but sharing it. Furthermore, "person" (人) signifies a human being possessed of both body and conscience, neither angel nor animal.

Capitalism, which permits the privatization of material goods and maximizes self-interest, lacks the spirit of shared public interest. Socialism, which emphasizes distribution and equality, aims for a society where everyone prospers, but also leads to the disadvantage of reduced efficiency.

The "ik" (익) of Hongik Ingan embodies the self-interest ethos of the capitalist market economy, which recognizes the fundamental human need for profit without rejecting self-interest. The "hong" (홍) embodies the public interest ethos of socialism, which promotes a society where everyone prospers together. Therefore, Hongikism, which pursues the simultaneous pursuit of both self-interest and public interest, embraces the strengths of both capitalism and socialism.

Another distinction between Hongikism and capitalism and socialism is that socialism, as evidenced by Marx's dictum, "Consciousness is the product of matter," considers matter a superior concept to human beings. Capitalism, as Adam Smith put it, "We get our dinner not from the benevolence of the butcher, the brewer, or the baker, but from their pursuit of self-interest," believes that human self-interest is the driving force behind society as a whole. However, Hongikism values humanity, not material things, and conscience, not self-interest, as the highest value.

Welfare capitalism is a new form of capitalism that emerged in modern Western societies, combining the efficiency of capitalism with the public nature of welfare to achieve a "well-off nation + a society where we all live together." Representative examples include Sweden, Denmark, Finland, Norway, Germany, and France. However, even if the government actively introduces welfare policies to reduce the gap between the rich and poor and pursue a balance between the market and welfare, if the values of those who prioritize materialism and selfishness remain unchanged — that is, if the capitalist materialism mentality remains unchanged — happiness will not rise in tandem with rising national income.

If a doctor treats patients solely for the purpose of making money, rather than practicing medicine, their happiness will not rise even if their income increases. It will only increase their bank balance. If a lawyer focuses solely on increasing their income without a sense of caring for the vulnerable in society, their happiness will not increase even if their annual salary increases.

South Korea is a capitalist country. Specifically, it ranks among the advanced capitalist nations, along with the United States, Japan, Germany, France, the United Kingdom, Canada, and Australia. In 1960, South Korea's per capita GDP was approximately $79. Just 60 years ago, it was one of the poorest countries in the world, but now its per capita income has reached $36,000, achieving the Miracle on the Han River.

Just because Korea has become one of the world's top 10 economies, does that mean it's the tenth happiest country out of 195? The world's highest suicide and divorce rates are clear evidence that despite its economic development, Koreans are not mentally happy.

In terms of per capita income, Korea is 100, if not hundreds, of times better off than it was 60 years ago. Why aren't Koreans happy? Humans' material desires are endless. Because desires are limitless, the capitalist view of life and values that regard materialism as the ultimate value has not changed.

Currently, the country with the highest per capita income in the world is Luxembourg, at $135,321. However, the country with the highest happiness index is not Luxembourg, but Finland. Finland has held the top spot in the happiness index for eight consecutive years. Finland's per capita GDP is USD 54,160, less than half that of Luxembourg.

Costa Rica's per capita GDP is USD 17,501. Costa Rica and Luxembourg differ by more than seven times in terms of national income. However, Luxembourg ranks 9th in the World Happiness Index, while Costa Rica ranks 6th. This is a good example of how income level is not directly proportional to happiness.

Japan's per capita GDP is approximately USD 32,859, while Korea's is USD 36,113. Korea is over USD 3,000 ahead of Japan. However, Korea's happiness index ranks 51st in the world, near the bottom among OECD countries.

Korea and the United States are capitalist countries, but they implement national pensions and health insurance, which are inherently socialist systems, not capitalist ones. This is evidence that Korea and the United States are moving toward welfare capitalism.

However, no matter how institutionally we address capitalism's flaws and reform its system, humanity can never be invited to happiness unless we change the fundamental spirit of capitalism, its value system, which regards material wealth as the most important thing.

In a capitalist society, for entrepreneurs to prioritize the well-being of the entire nation over profit, their perspectives on life must change.

The world doesn't change simply because doctors and lawyers increase their income. The world changes when their consciousness and outlook on life change, considering material things as the highest concept in life. In other words, society as a whole will change only when the values of each individual member of society shift to one that values humanity over materialism and conscience over selfishness.

Hongikism is an abbreviation for "Hongik Inganism". Here, "ingan" (human) refers to a human being possessed of both body and conscience. Because they possess a body, they cannot deny their own self-interest, and because they possess a conscience, they cannot deny the public interest. The essence of Hongikism is to create a society where everyone prospers by appropriately balancing the self-interests demanded by the body as a human being with a public conscience.

In capitalism and socialism, humans are relegated to secondary elements of material things, or their very nature is so shabby that it's barely visible. Hongikism emphasizes the supreme importance of humanity and conscience, not greed.

Swedish welfare capitalism merely modifies the form of materialistic capitalism, leaving the fundamental spirit intact. Therefore, welfare capitalism cannot offer an alternative that will guide humanity to a world of happiness in the future.

Socialism with Chinese characteristics is a distortion of socialism in crisis, which attempted to transform itself to overcome poverty.

Capitalism, while bringing economic wealth, is characterized by corruption. Corruption is a characteristic of material abundance. Introducing a capitalist market economy in a socialist country with a one-party dictatorship would result in even more severe corruption than in a capitalist society, as it lacks the ability to act as a preservative. This extreme corruption would ultimately lead to the collapse of market-based socialism. Therefore, socialism with Chinese characteristics, or market socialism, is unlikely to be a viable alternative for leading the future world.

Hongikism, which places human beings at the forefront, that is, people with true heart and conscience rather than selfishness, and emphasizes a balanced life of private and public interests as well as the harmony of economy and morality, is considered a sure alternative to lead the future society.

In a 1973 interview with a media outlet, Arnold Toynbee, one of the greatest historians and futurists of the 20th century, highly praised Korea's founding ideology, the Hongik Ingan spirit, as a core ideology that would guide the 21st century.

It is significant that Toynbee, a world-renowned scholar who spent 40 years exploring human civilization and history and wrote a voluminous 12-volume work titled "A Study of History," highlighted Korea's Hongik Ingan spirit over 50 years ago as the ultimate core value for the common prosperity of humanity.

Toynbee wasn't the only one to pay attention to Korea's Hongik Ingan ideology. Romanian Father Gheorghiu, author of "25 Hours," praised the spirit, stating, "The Hongik Ingan spirit, which benefits humanity, can solve not only individual difficulties but also all the world's challenges." He also lavished praise on Dangun's governing ideology, saying, "Hongik Ingan is the greatest and most perfect law on earth."

Father Gheorghiu highly praised the Hongik Ingan ideology, transcending mere philosophy or religion, as the greatest and most perfect system of governance on earth, capable of resolving the challenges facing humanity and the world today.

Nobel Peace Prize winner and former Costa Rican President Sánchez Arias once stated, "The Hongik Ingan spirit is a historical asset that should be shared not only by Koreans but by all of humanity."

Now, socialism has failed, and capitalism has reached a dead end, gasping for breath and unable to find a way out. The hegemonic war between the United States and China intensifies, and the barbaric barrage of human casualties using advanced weaponry continues unabated across the globe.

The spirit of coexistence and mutual prosperity is absent, and struggles and competitions driven solely by self-interest and national interests are rampant. Humanity is now living in fear of a third world war that could erupt at any moment.

This is why the Hongik Ingan spirit, the governing ideology

of our nation's founder, Dangun, is more urgently needed today than ever before. It is perhaps why the world's greatest scholar, Toynbee, highlighted Hongik Ingan as a core ideology to guide the 21st century.

Hongik Ingan fundamentally differs from socialism, which justifies violence, in that it advocates a love for humanity that does not tolerate even the loss of an innocent life. Hongik Ingan is distinguished from the capitalist spirit that struggles to live well only for oneself in that it considers not only one's own interests but also those of others and emphasizes the spirit of coexistence, mutual benefit, and empathy.

Many scholars in the West, including John Kenneth Galbraith (1908~2006) and Peter Drucker(1909~2005), have discussed and proposed a new paradigm to guide post-capitalist society. However, they have merely emphasized the need for a new paradigm; few have presented a clear, new alternative to guide post-capitalist society.

The author proposes Hongikism as an alternative that will lead the 21st century, transcending capitalism and socialism. Korea, in particular, is the last divided nation where capitalism and socialism are most sharply opposed in a modern society devoid of ideological competition.

If Korea were to attempt unification under capitalism, North Korea would oppose it, and if it were to propose unification under socialism, South Korea would oppose it. Unification of North and South Korea under either capitalism or socialism would never be possible.

I hope that Hongikism will be piloted in Korea first, and that after Korea's ideological barriers are broken down and a new era of unification of North and South Korea begins, Hongikism will spread throughout the world and serve as a driving force for human happiness and world peace.

However, Hongikism has only just begun to emerge. It is like a sprout poking through the hard ground. It is the responsibility of all Koreans, descendants of Dangun, to nurture this delicate sprout and grow it into a mighty tree that supports the heavens. This is why I am publishing this book, a compilation of a few fragmentary papers, though it is far from complete.

Finally, I focus on Elon Musk as a figure who will shape the future of the world. Musk believes that Earth is not forever safe and that humanity must escape the threat of extinction.

Therefore, SpaceX, the company he founded, has set a long-term goal of human colonization of Mars.

Elon Musk's spirit is highly commendable, as he transcends the mere pursuit of personal profit and embraces a commitment to improving the lives of all humanity through innovative technology.

The idea of leaving Earth and immigrating to Mars while taking climate change and energy crises seriously is excellent, but there are too many obstacles to making it a reality.

Even if that were to become a reality, if modern humans, who are accustomed to materialistic capitalism and the race that destroyed the Earth, were to be resettled on Mars, it would be obvious that they would soon destroy Mars again and make it uninhabitable.

On July 5, 2025, Elon Musk announced the launch of a new political party, the American Party, to offer a political alternative to the United States. I propose that, under the banner of Hongik Inganism, the American Party should revitalize the dying Earth, restore the corrupted human conscience, and accelerate the rebirth of Earth, not Mars, as a world where all humanity can live happily together. I have no doubt that this great task of transforming civilization and history will become a reality within ten years, not just an ideal, if Elon Musk of the United States and Sim Baek-gang of Korea join hands.

On August 15, Liberation Day, 2025,
Shim Baek-kang at Muidang, below Baekunbong Peak on Yongmunsan Mountain
(Translated by Dr. Eun Sang Cho, author of "The Story of the World's First Civilization")

제1장

고조선의 홍익인간 사상과 자본주의 이후 사회의 대안 홍익주의

1
머리말

자본주의와 사회주의는 20세기를 지배한 두 체제이다. 자본주의와 사회주의의 한계를 지적한다면 인간 존엄성의 상실을 들 수 있다. 이 두 체제는 하나는 황금만능주의를 신봉하고 하나는 물질이 역사발전의 원동력이라고 믿기 때문에 인간이 물질의 노예나, 부속물로 전락하는 결과를 면할 수 없게 된다.

한국의 경우를 예로 든다면 60년 전에 비해서 경제가 비약적으로 성장 발전하여 물질적 부의 면에서 본다면 세계가 부러워하는 나라로 발돋움했다.

그러면 국민소득이 35,000달러 시대에 진입한 오늘의 한국인들은 모두 행복한가. 자살률, 이혼율이 세계 최고치인 것을 보면 전혀 그렇지 않다는 것을 알 수 있다.

심지어는 헬조선이라고 말하는 사람들까지 있다. 우리의 경제적 삶이 옛날보다 획기적으로 향상되었는데 왜 사람들은 행복하다고 느끼지 못하는 것일까. 그것은 물질적 부가 곧 인간의 행복을 가져다주는 척도가 되는 것은 아니기 때문이다.

인간은 어떤 경우에 행복한 삶을 영위할 수 있는가. 물질적으로 풍요롭고 정신적으로 편안할 때 행복을 누릴 수 있다. 그런 점에서 20세기를 지배한 물질에 중점을 둔 두 체제는 인간 행복조건 중의 하나를 충족시키는데만 노력을 경주했다고 말할 수 있다.

도덕과 경제는 사회를 이끌어가는 두 축이고 정신과 물질은 인간 행복의 두 조건인데 현대문명은 그 중 하나만의 해결에 촛점을 맞추었으므로 반신불수의 문명인 것이다.

인류는 앞으로 어떻게 경제라는 한 바퀴로 굴러가는 오늘의 불완전한 현대문명을 극복하고 보다 완전한 인류문명을 지향할 수 있을 것인가. 자본주의 상업문명이 막다른 골목에 도달한 채 방황하고 있는 지금 한민족 고조선의 건국이념인 홍익인간 사상에서 그 출구를 찾을 수 있다고 믿는다.

아래에서 먼저 고조선은 어떤 나라인지 살펴보고 이어서 홍익인간 사상이 어떻게 자본주의 이후의 사회를 이끌어갈 새로운 대안이 될 수 있는지 검토해보기로 한다.

2
고조선은 어떤 나라인가

1) 동아시아의 첫 통일왕국 고조선

우리민족은 밝달민족이고 우리민족이 세운 첫 국가는 환국 桓國이다. 환국 밝족의 실체는 환국 밝족의 영웅 치우 천왕의 역사를 기록한 『시경』 상송 장발편의 "현왕 환발玄王桓發"이 문헌적으로 그것을 증명하고 있고 내몽골 적봉시에서 발굴된 홍산문화가 고고학적으로 이를 뒷받침한다.

내몽골 적봉시의 환국을 계승, 발해유역에서 구이九夷를 통일하여 건국한 나라가 발해조선이다. 발해조선은 발해유역 홍산문화 유적 부근의 하가점 하층문화가 고고학적으로 이를 증명하는 유적이다.

발해유역에서 건국된 고조선이 구이족을 통일한 통일왕국이었다는 것은 『조선왕조실록』에 나오는 『단군고기』의 "조선, 시라, 고례, 남옥저, 북옥저, 동부여, 북부여, 예, 맥 아홉 나라가 모두 단군이 다스리던 나라이다."라는 기록과 명나라 오명제가 쓴 『조선세기』의 "단군은 구이들이 모여서 임금으로 추대한 분이다.(檀君 九夷君之)"라는 기록을 통해서 확인할 수 있다.

로마제국이 하루아침에 만들어진 것이 아닌 것처럼 고조선 또한 하루아침에 이루어진 나라가 아니다. 환국의 기초위에서 건국된 동아시아의 첫 통일왕국이 고조선이다.

2) 고조선의 국조 단군

강단사학에서는 단군을 만들어진 신화로 인식하고 있다. 서울대 고조선 1호박사 송호정이 쓴 『단군은 만들어진 신화』라는 책 제목이 그것을 단적으로 말해준다. 오늘날 기독교에서 단군을 우상으로 간주하는 것은 강단사학의 이런 논리에 기인한 것이다.

그러나 서한시대의 기록인 『상서대전』과 사마천 『사기』를 비롯한 중국의 여러 문헌에 은殷나라(서기전 1600~서기전 1046)가 멸망하자 "기자가 조선으로 떠나갔다.(箕子 走之朝鮮)"라는 내용이 실려 있다.

기자는 은나라의 태사太師로서 3,000여 년 전에 실재했던 인물인데 그가 은나라가 망하자 조선으로 떠나 갔다면 조선은 기자 이전에 이미 존재했던 나라임이 분명하다.

3,000년 전 기자가 망명하기 이전부터 조선이란 나라가 이미 존재했다면 그것을 세운 국조가 있었을 것이 아닌가. 우리는 그를 가리켜 한자로는 밝달단 임금군 단군檀君, 우리말로는 밝달임금이라고 하는 것이다.

3) 고조선의 건국 시기

중국문헌 가운데 나타나는 은나라 태사 기자의 조선으로의 망명 사실을 통해서 본다면 단군조선은 3,000년 전에 이미 존재했던 나라가 분명하다. 중국의 『문헌통고』를 본떠서 우리나라의 문물제도를 집대성하여 편찬된 『증보문헌비고』에는 "단군 127년, 하나라의 우왕 18년에 아들 해부루를 보내 도산에서 조회했다.(檀君百二十七年 夏禹王十八年 遣子解夫婁 朝塗山)"라는 기록이 보인다.

『증보문헌비고』는 한양조선의 영, 정조 이후 3차의 편찬과정을 거쳐서 국가에서 발간한 책으로서 사료적 가치를 인정받는 정사 자료이다. 그런데 이 자료는 단군조선의 건국시기와 관련하여 우리에게 중요한 사실을 알려주고 있다.

하夏나라의 우왕禹王은 하나라를 세운 국조이고 하나라는

중국 화하족의 첫 국가이다. 북경대학 사학과에서 가르치는 중국역사 교재에서도 하나라를 중국 최초의 국가로 기술하고 있다. 그런데 하나라의 국조 우왕 18년이 고조선의 국조 단군 127년이라고 한다면 중국의 첫 국가 하나라는 우리나라 단군의 고조선보다 건국이 100여 년 이상 늦었다는 것을 알 수 있다.

하나라의 건국기원을 서기전 2070년으로 잡는 것은 중국학계의 공식적인 입장이다. 단군이 그 아들 부루를 하나라에 파견한 것이 단군조선 건국 후 127년이라고 한다면 한양조선에서 인식했던 단군조선 건국시기가 오늘날 중국역사학계의 공식적인 견해와 크게 다르지 않다. 그런 점에서 현재 『동국통감』의 기록에 따라 단군조선의 건국시기를 4,300년 이전으로 잡는 것은 역사적인 근거가 있는 것이라고 하겠다.

또 하나 우리가 고조선의 건국시기를 가늠해 볼 수 있는 중국의 중요한 자료가 있다. 그것은 선비족 두로공신도비문에 나오는 "조선건국 고죽위군朝鮮建國 孤竹爲君"이라는 기록이다. 고죽국은 수양산에서 고사리를 캐먹으며 가난하게 살다가 서거한 백이 숙제의 나라 이름이다. 은나라의 제후국가로서 3,600년 전 중국 하북성 동쪽 북대하 부근에 있던 나라인데 고죽국에 앞서서 고조선이 건국되었다는 이 기록은 고조선의 건국연대를 측정할 수 있는 귀중한 자료인 것이다.

1,500년 전 남북조시대 대표적인 문인이었던 유신庾信의 문집에 나오는, 고조선이 은나라의 고죽국에 앞서 고죽국 지역에서 건국되었다는 이 두로공신도비문의 내용도 고조선의 4,000년 전 건국을 입증하는 직접적인 자료가 되기에 충분하다고 하겠다.

4) 고조선의 위치

현재 우리 사학계에는 고조선의 위치와 관련하여 두 가지 다른 견해가 존재한다. 하나는 대동강 평양설이고 다른 하나는 하가점하층문화가 발굴된 발해유역설이다.

『산해경』 해내경에 "북해의 모퉁이에 나라가 있으니 그 이름을 조선이라 한다.(北海之隅 有國 名曰朝鮮)"라고 하였다. 여기서 북해는 발해의 다른 이름이다. 발해의 모퉁이란 오늘날로 말하면 발해만이 될 것이다.

『전국책』에는 "연나라 동쪽에 조선이 있다.(燕東有朝鮮)"라고 하였다. 전국시대의 연나라는 오늘날의 중국 하북성 남쪽에 있었으므로 하북성 동쪽에 조선이 있었다는 이야기가 된다.

연나라 동쪽 어디쯤에 조선이 있었을까.『산해경』 해내북경에는 조선의 위치를 좀더 구체적으로 적시한 내용이 보인다. "조선은 열양의 동쪽, 발해의 북쪽, 연산燕山의 남쪽에 있다. 열양은 연나라에 속한다.(朝鮮在列陽東 海北山南 列陽屬燕)"

그동안 한국의 고대사를 왜곡하는 데 앞장서온 중, 일 사학계나 일본 식민사관의 유산을 계승한 한국의 강단사학은 『산해경』의 이 대목을 제대로 해석하지 않았다. 어쩌면 안한 것이 아니라 못한 것일 수도 있다.

그러나 『산해경』 해내경의 "발해의 모퉁이에 나라가 있으니 그 이름을 조선이라 한다.(北海之隅 有國 名曰朝鮮)"라는 기록과 『전국책』에서 "연나라 동쪽에 조선이 있다.(燕東有朝鮮)"라고 한 기록과 송나라 때 국가에서 편찬한 『무경총요』의 "북경 북쪽에 조선하朝鮮河가 있다."는 기록과 『태평환우기』에 나오는 "하북성 노룡현에 조선성朝鮮城이 있다."는 기록 등을 종합 검토해본다면 『산해경』 해내북경에서 말하는 해북 산남海北山南의 바다는 발해를 가리킨 것으로 해석하는 것이 맞다. 여기서 말하는 산은 어떤 산인가. 연산燕山을 가리킨다. 연산은 북경 북쪽에 있는 산이다. 발해 북쪽 연산 남쪽이 조선국, 조선하, 조선성이 있던 곳이다.

그리고 열양은 열수列水, 즉 열하의 북쪽에 있던 지명을 말한 것으로 박지원의 『열하일기』가 이 하북성의 열하 일대를 여행하고 쓴 것이다. 그러므로 발해조선은 연나라 열양의 동쪽, 발해의 북쪽, 연산의 남쪽에 위치해 있었다는 결론을 얻을 수 있는 것이다.

『관자』에는 조선에 발자를 덧붙여서 "발조선發朝鮮"이라 말한 기록이 나오는데 이는 바로 발해유역에 있었던 밝달민족의 나라, 밝달임금이 세운 발해조선을 가리킨 것이라고 하겠다. 왜냐하면 한자 발은 우리말 밝의 한자 음차표기이기 때문이다.

고조선이 대동강 유역에 있었다는 것을 한, 당 이전의 문헌으로 입증하는 것은 불가능하다. 그래서 일본은 식민통치를 영구화할 목적으로 낙랑유물을 조작하여 실증사학이라는 미명 아래 대동강 고조선설을 날조했다. 광복 80년을 앞둔 오늘날 한국 강단사학이 식민사학의 유산인 단군조선 신화설, 대동강 유역 고조선설을 고수하는 것은 민족과 역사 앞에 큰 죄를 짓고 있는 것이다.

5) 고조선의 사회

『한서』 지리지에는 고조선 사회상의 단면을 엿볼 수 있는 기록이 전한다. "그 백성들은 끝내 서로 남의 물건을 훔치는 짓을 하지 않았다. 문을 잠그지 않고 살았으며 부인은 정조가 굳고 신의가 있어 음란한 행위를 하지 않았다.(其民終不相盜 無門戶之閉 婦人貞信不淫辟)"

이는 비록 짧은 문장이지만 고조선 사람들이 상호 신뢰가 형성된 성숙한 사회 속에서 평화로운 삶을 영위했음을 보여준다. 고조선 사회는 어떻게 이런 성숙한 사회를 구현할 수 있었는가. 그것은 범금 8조가 있어 사회질서를 유지하는 원동력 역할을 했기 때문이다.

지금은 고조선의 범금 8조항이 다 전해지지 않고 세 가지 조항만 전해온다. '사람을 살해한 자는 사형에 처한다.' '남에게 상처를 입힌 자는 곡식으로 배상한다'. '남의 물건을 도둑질한 경우는 남녀 공히 재산을 몰수하고 그 집의 종으로 삼는다.'는 것이다.

당시 조선사회에서 백성들에게 금지시킨 범금 8조는 일종의 사회규약과 같은 것으로서 오늘날의 법과는 다소 차이가 있었겠지만 법의 정신을 내포하고 있었던 것은 사실이다. 따라서 고조선 사회는 일찍이 법의 정신을 구현한 법치선진국이였다고 하겠다.

그러면 고조선 사회가 언제부터 타락의 길로 접어들기 시작하였는가. 한무제가 고조선을 공격하여 고조선 영역 서쪽에 한사군을 설치하면서 밝족의 고조선이 한족의 한나라와 교류를 시작하게 되었는데, 이때부터 조선사회의 풍속이 각박하게 변질되었다는 기록이 『한서』 지리지에 다음과 같이 보인다.

"한족 관리와 또한 한족 상인 왕래하는 자들이 조선의 백성들이 문을 닫아 걸지 않고 사는 모습을 보고 밤이면 몰래 도둑질을 하였다. 이로 인해 조선의 풍속이 차츰 더 각박해져 갔다.(吏見民無閉藏 及賈人往者 夜則爲盜 俗稍益薄)"

우리는 그동안 문명한 한족과의 교류가 미개한 조선사회의 성숙을 가져다준 계기가 된 것으로 잘못 인식해왔다. 그런데 『한서』와 같은 이런 중국 정사의 기록을 통해서 본다면 대문을 열어놓고 살만큼 상호 신뢰가 형성되어 있었던 성숙한 조선사회가 한족 관리와 한족 상인들이 밤중에 남의 물건을 몰래 훔치는 도둑 행위가 잦아지면서 각박한 사회로 변질되어 감으로써 그와는 정반대의 현상이 일어났던 것을 알 수 있다고 하겠다.

6) 고조선의 문회

『논어』에는 "공자가 자신의 도가 행해지지 않는 것을 한탄하며 구이에 가서 살고 싶어 했다.(子欲居九夷)"라는 기록이 보인다. 여기서 구이는 『조선세기』에서 명나라의 오명제가 "단군은 구이들이 모여서 임금으로 추대한 분이다.(檀君 九夷君之)"라고 말한 바와 같이 고조선의 다른 호칭인데 공자는 그곳을 "군자들이 살고 있다.(君子居之)"라고 말하였다.

공자는 노나라에서 태어났고 노나라는 화하족의 대표적인 영웅 주공周公이 세운 나라이다. 따라서 공자는 화하족의 문화 속에서 성장 발전한 인물이다. 그런데 공자는 왜 자기 조국을 떠나 군자들이 사는 나라 고조선에 가서 살기를 희망했을까.

『논어』에는 군자라는 용어가 무려 100여 군데나 등장한다. 이는 인仁이 공자의 핵심사상이라면 군자는 공자가 추구하는 이상적인 인간상이었음을 말해준다. 그런데 공자가 추구하는 이상적인 인간, 즉 군자들이 사는 나라가 바로 구이족들의 나라 고조선이었던 것이며 그래서 공자는 고조선을 그처럼 마음 속에 그리워했던 것이다.

『산해경』에는 군자국이 등장하는데 그 나라가 어떤 나라인지 그 일단을 살펴볼 수 있는 다음과 같은 기록이 나타난다. "그 나라 사람들은 양보하기를 좋아하고 다투지 않는다.(其人好讓不爭)" "의관을 갖추고 칼을 찬다.(衣冠帶劍)"

"양보하기를 좋아하고 다투지 않는다."는 것은 그 나라 백성들의 온화한 성품과 신사도 정신을 가진 것을 묘사한 것이다. "옷을 입고 모자를 써서 의관을 정제하였으며 칼을 차고 있었다."는 것은 문과 무를 겸하여 갖춘 수준 높은 문화민족이었음을 말해준다.

중국문화의 상징적 인물인 공자가 자기의 고국 노나라를 떠나 동이족의 나라 고조선에 가서 살기를 희망했다는 것은 문화적으로 당시 고조선이 중국의 노나라보다 더 선진적인 국가였음을 살필 수 있는 매우 좋은 단서라고 여겨진다.

발해조선은 남쪽에는 바다가, 북쪽에는 초원이, 동과 서에는 농경지가 있는 당시 전중국에서 가장 살기 좋은 천혜의 땅이었다. 그래서 여기서 선진적인 경제가 발아했다. 또한 홍익인간이라는 숭고한 건국이념을 바탕으로 상생, 공영의 정신이 생활화되어 있었다. 그래서 여기서 선진적인 문화가 발달했다. 따라서 당시 고조선은 공자의 고국인 신생국 노나라보다 정치 경제, 역사 문화적으로 크게 앞선 선진국가였으므로 공자는 역사문화 선진국인 군자들이 사는 나라 발해조선에 가서 살기를 희망했던 것이라고 하겠다.

고조선뿐만 아니라 그 뒤를 계승한 나라들도 중국인에 의해 군자의 나라로 인식된 내용들이 중국 기록에 많이 등장한다. 예컨대 『후한서』 동이전은 부여, 고구려, 옥저, 삼한 등 한국의 고대사를 다루고 있는데 그 서두에서 이들 나라들을 가리켜 "군자의 나라(君子之國)"라고 호칭하고 있다. 그리고 당나라가 신라를 가리켜 군자의 나라로 호칭한 것도 여러 중국 기록을 통해서 확인이 가능하다.

  공자가 구이들이 사는 나라 고조선을 군자들이 사는 나라로 흠모하며 그곳에 가서 살기를 희망했다는 이 사실은 고조선이 당시에 중원의 화하족 국가들보다 역사문화적으로 선진국이었음을 입증하기에 더 없이 좋은 소재가 된다고 하겠다.

3
고조선의 건국이념 홍익인간

1) 홍익인간 개념의 현대적 해석

홍익인간은 환국의 개국이념이자 고조선의 건국이념으로서『삼국유사』고조선조에 실려 있다. 홍익인간의 '익益'은 이익을 말하는 것으로서 오늘날로 말하면 경제개념이고 '홍弘'은 널리 이웃과 더불어 이익을 공유하는 것으로서 도덕개념이다.

그러니까 천사도 아니고 동물도 아닌 인간이 경제와 도덕의 병행을 추구하는 삶을 살라고 가르친 것이 홍익인간 사상이다. 한 손에는 도덕을 들고 한 손에는 경제를 들고 경제와 도덕을 두 축으로 삼아 인간사회를 나만 잘사는 사회가 아닌 약자와 강자가 더불어 함께 잘사는 사회로 영위해 나가자는 것이 홍익인간 사상이 지향하는 궁극적인 목표라고 할 수 있다.

2) 홍익인간 사상이 다른 종교사상과 다른 점

서구의 사상은 신본주의에서 물본주의로 발전했다. 르네상스 이전이 신본주의라면 현대사회의 자본주의, 사회주의는 물본주의이다. 유, 불, 도 삼교로 대표되는 동양의 사상은, 도덕과 경제라는 사회를 유지발전시키는 두 축 가운데서 도덕에 편중되어 있다. 유, 불, 도 삼교사상이 모두 경제사상이 빈약하거나 또는 아예 결여되어 있다는 사실이 동양사상의 도덕적 편향성을 잘 설명해준다고 하겠다.

한국의 홍익인간 사상은 인간 본위의 인본주의를 지향하면서 국가주의나 민족주의를 넘어서는 범인류적 가치를 추구한다. 그리고 경제와 도덕 이 양자를 어느 한쪽에 편중되는 것을 지양하고 도덕적 '홍'과 경제적 '익'을 아울러 강조한다.

불교의 자비, 기독교의 박애, 유교의 인의에서 보는 바와 같이 '널리 인간을 사랑하라'는 것이 동서사상의 공통된 분모이다. 그런데 홍익인간 사상은 '널리 인간을 사랑하라'고 말하지 않고 '널리 인간을 이롭게 하라'고 말했다. 이것이 홍익인간 사상이 동양의 전통사상과도 다르고 서구의 현대 지배체제와도 구별되는 독창적인 요소이다.

홍익인간 사상은 경제사상이 결여된 도덕 편중의 동양사상이 지닌 한계와 황금을 만능으로 간주하여 인간이 경제적 동물로 타락하는 서구 현대 자본주의의 결함을 극복하고, 경제와 도덕을 두 바퀴로 굴리며 인간이 사회의 주인으로서 행복하게 살아갈 수 있는 인류 최고의 숭고한 이상을 담고 있다. 20세기 최고의 역사학자 토인비가 "21세기 핵심사상은 홍익인간 사상이 되어야 한다고 강조한 이유가 여기에 있다고 하겠다.

4
홍익인간 사상과 자본주의 이후 사회의 대안 홍익주의

1) 병든 자본주의는 새로운 문명의 출현을 요구한다

제러드 다이아몬드는 『총·균·쇠』에서 기술의 발전이 대전염병(팬데믹·pandemic)을 만들었다고 설명했다. 인간의 과도한 탐욕이 자연현상을 초월한 사시사철 번성하는 특이한 세균을 만들어 냈고 현대과학의 과도한 발달이 대전염병으로 번지는 팬데믹 현상을 만들어냈다. 코로나 19는 한마디로 인간의 과도한 탐욕과 현대 물질문명이 만들어 낸 문명병이라고 정의할 수 있다.

전쟁보다 무서운 것이 전염병의 유행이다. 그런데 코로나 19 바이러스가 현대 물질문명이 병들어서 나타난 현상이라면 우리가 팬데믹에 대비해야 할 수단은 비단 백신의 개발뿐만이 아닐 것이다.

코로나 19는 현대문명이 자연의 이치를 거슬러서 생긴 문명병이다. 인류가 여기서 다시 재생하는 길은 4차 산업혁명이 아니라 4차 문명혁명이다. 산업을 발전시키기 위한 기술혁명이 아니라 산업이 자연에 순응하기 위한 정신혁명이 일어나야 한다.

그동안 우리가 산업화를 핑계로 얼마나 많은 자연 파괴행위를 자행해왔던가. 병든 지구, 병든 자연이 더 이상 인간의 만행을 견디기 어려워 코로나라는 조용한 죽음의 사자를 보내 경고하였다. 여기서 깊히 반성하지 않으면 자연은 코로나 19보다 더 센 놈을 보내 인류를 몰락의 길로 몰아갈 것이다.

지금 지구도 아프고 자연도 아프고 인간도 아프다. 현대문명이 중병에 걸려 생사의 기로에 서 있다. 병든 자본주의는 새로운 문명의 출현을 고대하고 있다. 그 해답은 어디에 있는가. 자본주의와 사회주의를 절장보단絶長補短할 홍익주의에 그 해답이 있다.

홍익인간, 재세이화는 우리민족의 국조 환웅천왕이 개국할 때 강조하신 개국이념이자 통치철학이다. 우리 인류는 이 숭고한 이념과 철학을 바탕으로 삼아 국가와 민족과 가족을 넘어서 하나가 되어야 한다. 자본주의의 사익과 사회주의의 공익을 아우른 '홍익'의 정신을 강조하는 홍익주의에 현대의 병든 자본주의가 문명병 코로나 19를 극복하고 새로운 시대를 열수 있는 해답이 담겨 있다.

2) 자본주의 이후 사회를 이끌어갈 새로운 대안 홍익주의

(1) 홍익철학

① 무시무종無始無終의 홍익인간 세계관

이 우주는 시작과 끝이 있는 유한한 존재인가. 시작과 끝이 없는 무한한 존재인가. 우주의 기원에 관한 현대 서구의 대표적인 이론은 빅뱅이론이다. 이 우주가 약 137억 년 전에 한 점에서 폭발적으로 팽창하면서 시작되었고 빅뱅 이후 1초 동안 20억 곱하기 10억km로 팽창했고 지금도 팽창을 계속하고 있다고 보는 빅뱅이론은 이 우주가 시종이 있다고 보는 것이다.

유가의 세계관은 사람이 죽어서 장례 지낼 때 사용하는 문구인 "영결종천永訣終天"이라는 말속에 잘 반영되어 있다. 오늘날 장례식을 영결식이라 하는 것도 이 유교적 세계관이 반영된 것인데 영결은 곧 더 이상 지속될 수 없는 삶과의 영원한 단절을 의미하는 것이다. 그러므로 유교의 세계관 역시 시종이 있다고 보는 관점에 속한다.

불교에서는 윤회를 주장하는데 수레바퀴처럼 끝없이 돌고 돈다는 윤회설은 얼핏 보면 무시무종의 이론처럼 보인다. 그러나 불교가 추구하는 궁극적인 목표는 윤회가 아니라 해탈이다. 해탈은 고통의 세계인 끝없는 윤회에서 벗어나 고해와의 단절을 목표로 하므로 불교의 세계관은 엄격히 말하면 무시무종이 아니다.

『천부경』에서 말하는 "일시무시일 일종무종일一始無始一 一終無終一"은 시종이 있다는 유시유종과 시종이 없다는 무시무종을 다 포함하고 있다. "일시"와 "일종"은 시종이 있음을 의미하고 "무시일"과 "무종일"은 시종이 없음을 가리킨다. 이 우주는 현상세계에서 바라보면 시종이 있지만 원리세계에서 보면 시종이 없다. 그러므로 시종이 있다고 말하는 것도 옳지 않고 없다고 말하는 것도 또한 어폐가 있다.

이 우주는 시종이 있는 것도 아니고 없는 것도 아니다. 그러므로 『천부경』에서는 "일시" "일종"이라는 현상계의 유시유종과 "무시일" "무종일" 이라는 원리계의 무시무종을 아울러 말한 것이다.

우주의 현상과 원리를 "일시무시일 일종무종일"이라는 열 글자로 요약 설명한 『천부경』의 세계관은 현대사회의 빅뱅이론과 유교의 영결종천, 불교의 해탈의 논리를 뛰어넘는 현상과 원리를 모두 포괄한 위대한 세계관이다. 앞으로 우리민족 고유경전인 『천부경』의 세계관을 체계화하여 한국과 세계의 인류에게 새 시대의 새로운 세계관으로 정립시켜야 한다.

② 2분법적 논리를 뛰어넘어 너와 나가 하나 되는 3.1의 홍익철학

『주역』에서는 "역에는 태극이 있다. 이것이 양의를 생성하고 양의가 사상을 생성하고 사상이 팔괘를 생성한다.(易有太極 是生兩儀 兩儀生四象 四象生八卦)"라고 말하였다. 하나에서 둘로 둘에서 넷으로 넷에서 여덟로 확대되어 나간다는 뜻이다. 이것이 바로 음양 2분법의 이론적 배경이다.

그러나 『천부경』에서는 양의兩儀가 아닌 삼극三極을 말하였다. 셋으로 분화되지만 근본은 다함이 없다는 "석삼극 무진본析三極 無盡本"이 그것이다. 음과 양, 흑과 백, 동과 정이 서로 대립하는 양의兩儀가 아니라 서로 상생하고 상승하면서 새로운 하나를 창조하여 삼극三極이 된다는 것이 『천부경』이 강조하는 3.1철학의 핵심사상이다.

흑과 백, 음과 양을 영원히 만나지 못하는 철도의 두 레일과 같은 대립적인 존재로 파악하는 2분법적 논리로는 이 세상을 화해와 원융의 조화로운 세계로 이끌어 갈 수가 없다. 21세기 한국과 세계의 인류가 상호 대립과 충돌을 지양하고 화해 상생의 장으로 나아가기 위해서는 『천부경』의 삼극사상, 홍익의 3.1철학을 인류의 새로운 철학으로 받아들여야 하는 것이다.

③ 사람이 곧 하나님이라는 "인중천지일人中天地一"의 홍익인간 인생관

자본주의는 기본적으로 상업주의이고 상업주의는 물질적 이익을 최상의 가치로 추구한다. 마르크스의 사회주의 또한 인간이 아닌 물질을 역사발전의 원동력으로 본다. 따라서 자본주의와 사회주의는 개인적 사익에 주안점을 두느냐 사회적 공동이익에 목표를 두느냐 하는 차이가 있을 뿐 물질을 인생과 사회의 중심가치로 여긴다는 점에서는 구별이 없다.

자본주의와 사회주의 체제에서는 물질을 최고의 가치로 설정함으로써 인간이 물질의 노예로 전락하고 물질의 부속물로 변질될 요소를 다분히 내포하고 있다. 인간이 하늘과 땅과 동일한 존재임을 강조하는 홍익인간의 "인중천지일"사상에는 인간이 곧 하나님이라는 뜻이 담겨 있다. 사람이 곧 하나님이라는 동학東學의 "인내천人乃天"사상도 다름 아닌 『천부경』의 "인중천지일"사상을 계승한 것이다.

"인중천지일"의 관점에서 본다면 나도 하나님이요 너도 하나님이다. 우리 모두가 하나님이니 서로 사랑과 존경으로 마주해야 한다. 그러므로 "인중천지일"이 곧 홍익인간의 이론적 배경이다. 우리가 생존경쟁이 아니라 상생하고 화해하면서 홍익인간을 실천해야만 하는 이유가 "인중천지일"다섯 글자에 요약되어 있다.

인간이 물질의 부속물이나 노예로 전락할 위험 요소를 다분히 내포하고 있는 서구 자본주의와 사회주의의 결함과 한계를 극복하고 인간이 우주만물의 당당한 주인으로서 서로 화해하고 상생하면서 조화롭게 살아갈 수 있는 "인중천지일人中天地一"의 홍익인간 인생관을 이제 한국과 세계의 인류에게 널리 확대 보급시켜야 할 것이다.

(2) 홍익주의

① 사회주의

자본주의 산업혁명이 가져온 부정적인 결과를 비판하면서 등장한 것이 사회주의이다. 이들은 당시의 사회적 위기의 원인이 개인주의에 있다고 보고 전체주의적인 공동체사회를 이상으로 제시했다. 초기 사회주의 사상가들을 유토피아적 사회주의자라고 비판하면서 등장한 사람이 마르크스와 엥겔스이다.

이들은 스스로를 과학적 사회주의, 또는 공산주의자로 자처하면서 자본주의 사회에 대해 구체적이고 실증적인 분석을 행했는데 그 결론은 자본주의 사회가 종국에는 그 내재적 모순에 의해 붕괴되고 새로운 사회체제인 사회주의 사회로 전이하게 된다는 것이었다.

과학적 사회주의의 사상적 체계는 공산당선언에서 구체화 되었고 자본론에 의해서 체계화 되었다. 사회주의 사상은 철학적 유물주의, 정치경제학, 과학적 사회주의 3개 부분으로 구성되어 있다.

철학적 유물주의는 변증유물론과 유물사관을 가리켜 말한 것으로서 사회주의의 기초가 되고 정치경제학은 노동가치론과 잉여가치설을 가리켜 말한 것으로서 사회주의의 중심이 되며 과학적 사회주의는 공산사회를 가리켜 말한 것으로서 사회주의의 목적이 된다.

사회주의의 기본 특징을 언급한다면 다음 7가지로 요약될 수 있다. 유물주의(사관), 계급투쟁, 잉여가치, 재산공유, 계획경제, 노동에 따른 분배, 사회욕구의 충족이다.

평등지향, 공익추구, 약자우대 등을 사회주의의 장점으로 들 수 있고 사회주의가 안고 있는 결함을 지적한다면 자유침해, 효율저하, 창조성 결여, 폭력의 정당화 등이다.

사회주의의 최대 장점은 평등분배로 요약되는 반면 최대약점은 효율저하에서 찾을 수 있다. 사회주의의 평등분배는 이론적으로는 가능하지만 현실적으로는 불가능하다는 점에 주목해야 한다. 왜냐하면 효율의 증대를 통한 고도성장의 기초 위에서만 평등한 분배문제가 절실히 제기되는 것인데 사회주의의 비효율, 비생산성은 분산分産을 위한 유산有産의 단계로 나아가지 못하고 무산無産의 상태에 그대로 머물러 있게 되기 때문이다.

그런 점에서 "공산주의의 결함은 빈곤을 모든 사람이 골고루 나누어 갖는 것이다."라는 윈스턴 처칠의 지적과 "사회주의를 통해 평등한 빈곤을 얻었다."고 실토한 등소평의 말은 시사하는 바가 많다.

지금 사회주의의 본산인 소련은 붕괴되었고 중국은 시장경제를 받아들여 중국 특색의 사회주의를 하고 있다. 마르크스와 엥겔스는 자본주의 사회가 내재적 모순에 의해 붕괴되고 사회주의 사회로 전이하게 된다고 진단했는데 '효율저하'라는 치명적인 약점 때문에 사회주의는 생명이 다하여 붕괴되거나 또는 변질되는 결과를 초래한 것이다.

② **자본주의**

자본주의는 영국에서 시작되어 프랑스, 독일을 거쳐 유럽 전역으로 확산되었고 2차대전 이후에는 세계적 규모로 확대되었다. 자본주의 역사는 대략 200여 년쯤 되는데 그 기간 동안 자본주의는 자유자본주의, 금융자본주의, 민주자본주의 등의 과정을 거치면서 발전해 왔다.

자본주의의 특징은 토지 자원 등 생산공구의 사유, 시장경제제도, 자유경제, 자유경쟁, 이윤원칙 등을 꼽을 수 있다. 자본주의 체제는 자유의 신장, 효율의 증대, 소득의 증가 등의 장점을 가지고 있는 반면 악성 경쟁 유발, 사회적 재부 집중, 빈부격차를 심화시킨다는 단점 또한 지니고 있다.

윈스턴 처칠은 "자본주의의 결함은 축복을 모든 사람이 골고루 나누어 가질 수 없는 것이다."라고 하였다. 분배의 불균형과 노동자의 소외문제가 자본주의 체제가 안고 있는 가장 두드러진 단점으로 제기된다.

공정경쟁이 아닌 자유경쟁 논리에 따라 약육강식 현상이 심화되는 자본주의는 빈부격차가 심화되는 현상을 막을 수 없다. 이윤원칙과 영리추구를 근본 목적으로 삼고 있는 자본주의는 결과적으로 인간을 수전노로 전락시킨다. 생존경쟁, 적자생존, 자연도태라는 동물학자 다윈의 논리를 인간에게 적용시킨 자본주의는, 효율은 증가하여 경제는 발전하지만 공생, 공존, 공영의 도덕정신이 결여되어 있다.

생존을 위해 너 죽고 나 살자는 식의 목숨 건 경쟁을 하는 것이 아니라 상호 협력과 공조 속에서 공존방안을 마련하고, 힘센 적자만이 생존하는 것이 아니라 힘이 약한 약자도 도태되지 않고 공생하는 정신이 자본주의에는 부족한 것이다.

자본주의 사회에서는 소득과 부를 가장 높은 가치로 보고 높은 소득을 올리는 사람을 훌륭한 사람으로 여기기 때문에 결과적으로 도덕성의 타락, 비리의 만연, 황금만능주의, 부의 양극화와 같은 폐단을 가져온다.

자본주의 이론에는 동물학자 다윈의 생존경쟁, 적자생존, 자연도태와 같은 동물 세계의 승자독식의 정신이 기본 바탕에 깔려있기 때문에 자본주의가 아무리 시대를 따라 모양을 달리 한다 해도 결국 사적 이익이 모든 가치의 가장 우선적 기준이 되고 다른 가치는 후 순위로 밀려나는 상업주의적 한계를 벗어나지 못하는 것이다.

공자는 국가지도자는 "생산이 적은 것을 걱정하는 것이 아니라 균등하지 않은 것을 걱정하고 가난한 것을 걱정하는 것이 아니라 편안하지 않은 것을 걱정한다.(不患寡而患不均 不患貧而患不安)"라고 말하였다. 이는 균등과 안정이 정치의 요체라는 것을 의미한다.

지금 자본주의 체제를 시행하는 국가는 대체로 경제적으로 선진대열에 속해 있다. 그러나 경제적으로 부강한 나라가 다 행복지수가 높으냐 하면 그렇지 않다. 자본주의를 통해서 얻는 경제적 부가 물질적 풍요는 가져다 주지만 정신적 불안을 해소해주지 못하기 때문이다. 현대적 자본주의로는 더불어 함께 잘사는 균등한 세상, 몸과 마음이 함께 편안한 행복한 세상을 건설하기가 어려운 것이다.

③ 홍익주의

가.

마르크스의 변증유물론적 세계관은 엥겔스편,『마르크스문선』의 "물질이 모든 변화의 기초이다." "의식은 물질에 의존하는 것이며 그것은 바로 물질의 산물이다."라는 말에 잘 반영되어 있다. 이는 마르크스는 인간의 의식이 아니라 물질이 역사발전의 기초라고 여겼음을 말해준다.

마르크스는『정치경제학』서언에서 역사의 발전과정을 원시공산사회, 노예사회, 봉건사회, 자본주의 사회, 사회주의 사회 등 5단계로 나누어 설명했는데 공산당선언에서 "지금까지 모든 인류사회의 역사는 계급투쟁의 역사이다."라고 잘라 말했다. 마르크스는 계급투쟁이 사회진화와 역사발전의 원동력이라고 믿었던 것을 알수 있다.

물질을 역사발전의 원동력으로 보는 사회주의와 이윤을 절대시하는 자본주의는 기본적으로 '물질'이라는 추구하는 명제가 동일하다. 그리고 계급투쟁을 역사발전의 원동력으로 보는 사회주의와 생존경쟁을 사회발전의 원리로 인식하는 자본주의는 생존방식을 바라보는 관점이 같다.

역사발전 과정을 살펴보면 생존을 위한 투쟁이나 경쟁적인 요소를 부인할 수 없는 것이 사실이다. 그러나 역사가 반드시 생존경쟁이나 계급투쟁과 같은 방식에 의해서만 발전해온 것은 아니다.

예컨대 신라는 혈통이 서로 다른 박씨, 석씨, 김씨가 경쟁이나 투쟁이 아닌 서로 공존, 공생, 공영하는 방식을 통해 왕좌를 평화롭게 주고 받으면서 1,000년 동안 사이좋게 정권을 유지하였다. 신라의 경우는 역사가 반드시 투쟁과 경쟁에 의해서만 발전하는 것이 아니라 양보와 상생을 통해서도 발전한다는 사실을 잘 보여준다.

홍익철학은 인간이 동물과는 다른 하늘과 땅과 대등한 위대한 존재임을 강조한다. 『천부경』의 "인중천지일"사상에는 인간이 곧 하나님이라는 사상이 담겨 있다.

"인중천지일"의 관점에서 본다면 나도 하나님이요 너도 하나님이다. 우리 모두가 하나님이니 경쟁의 상대, 투쟁의 대상이 아니라 서로 사랑과 존경으로 상대해야 한다는 것을 분명히 한다.

우리가 생존을 위한 경쟁이나 투쟁이 아니라 상생하고 화해하면서 홍익인간을 해야만 하는 이유가 "인중천지일" 다섯 글자에 요약되어 있다. 우리는 사람이 곧 하나님이라는 "인중천지일"의 홍익인간 철학을 통해서 자본주의의 생존경쟁의 논리와 사회주의의 계급투쟁의 관점을 극복할 수 있다.

나.

지금 우리사회는 어떤 상황을 2개의 선택지로 나누어 보는 이분법적 흑백논리가 지배하고 있다. 흑백논리는 모든 문제를 흑 아니면 백 두 가지로만 구분하려는 논리이다. 흑백논리는 중간적 제3의 입장을 허용하지 않으며 문제를 양극단으로 나누어 바라보고 이것 아니면 저것이라는 태도를 취한다. 흑백논리에서는 자신의 입장에 동조하지 않는 사람과 집단은 적으로 간주된다. 극단적 선택을 강조하고 갈등을 증폭시켜 대화와 타협이 이루어지지 못하는 주요 원인이 된다.

현대 사회는 수구 진보, 무산계급 유산계급, 민족 반민족, 민주 반민주 등 이분법적 흑백논리가 지배하고 있다. 오늘 한국사회가 촛불과 태극기로 갈라져 갈등하는 것도 이분법적 양극 논리의 산물이며 역지사지易地思之하는 제3의 선택지가 결여된 결과이다. 이런 이분법적 흑백논리로는 인류가 결코 공존 공영의 평화로운 세상을 열어나갈 수 없다.

홍익인간의 3.1철학은 흑과 백의 양극논리가 아니라 흑과 백이 만나서 새로운 하나를 창조하여 제3이 되는 삼극의 논리를 강조한다. 양극을 지양하고 삼극을 지향하는 홍익의 3.1철학만이 인류를 공생, 공존, 공영의 새로운 세계로 안내할 수 있는 것이다.

다.

개인의 자유와 이익을 강조하는 자본주의는 더불어 함께 나누는 '홍'의 개념이 빈약하고 평등과 균등한 분배를 앞세우는 사회주의는 사익을 추구하는 '익'의 정신이 취약하다. 따라서 자본주의는 경제는 향상되지만 도덕이 타락하는 결함이 있고 사회주의는 균등을 지향하지만 경제가 낙후되는 한계가 있다.

고조선의 건국이념인 홍익인간 재세이화는 민족을 넘어 인류를, 국가를 넘어 세계를 지향한다. 이익을 혼자 누리지 말고 더불어 함께 나누라는 '홍'의 정신에 사회주의가 강조하는 균등과 공유의 정신이 담겨 있고 도덕과 정의만 따지지 말고 이익을 함께 추구하라는 '익'의 정신에 자본주의가 강조하는 시장경제 논리가 들어 있다.

개인의 사적 소유에 편중된 자본주의 체제와 사회적 공동소유에 편향된 사회주의의 폐단을 극복하고 새로운 패러다임을 창출하는 것이 오늘 우리의 당면한 시대적 과제이다.

우리는 자본주의가 추구하는 '사익'과 사회주의가 지향하는 '공익', 어느 한쪽에 치우치는 것을 반대하고 이 양자의 조화 즉 이익(익)의 공유(홍) '홍익'을 강조하는 홍익경제이론을 통해서 경제와 도덕이 공동 발전하는 가운데 인류가 물질적으로 풍요하고 정신적으로 행복한 새로운 시대를 열 수 있다. 그래서 자본주의 이후의 사회를 이끌어갈 새로운 대안은 홍익주의, 즉 고조선의 건국이념인 홍익인간 사상과 현대적 자본주의 사회주의 체제의 장점을 창조적으로 결합한 새로운 패러다임 홍익주의라고 말하는 것이다.

5
맺는말

홍익주의가 이론적으로는 가능하지만 오늘의 시대에 현실적으로도 과연 가능할지 의문을 갖는 사람도 없지 않을 것이다. 그러나 우리는 지난 역사에서 좋은 교훈을 얻을 수 있다고 본다.

중국에서 은나라 때 시행했던 정전법井田法이란 토지제도가 있었다. 이 제도가 사유와 공유를 절충하여 시행한 홍익경제 제도이다. 정전법은 토지 900무를 우물 정井자 형으로 9등분 하여 8가구가 제각기 100무씩을 사전私田으로 경작하고 중앙의 토지 100무는 공전公田으로 지정, 8가구가 공동경작하여 그 수확물을 국가에 세금으로 바치던 제도이다.

맹자는 그가 강조하는 인정仁政을 시행하기 위한 경제체제로서 이 정전법을 제시했는데 사전과 공전으로 토지를 구분한 이 정전법 제도는 사유제와 공유제를 병행한 경제제도라고 할 수 있다. 물론 이때의 사유는 토지를 가지고 개인이 사고파는 매매행위가 이루어진 것은 아니어서 오늘날 자본주의 사회에서의 사유 개념과 일치하는 것은 아니지만 개인의 사적인 소유 권한을 인정했던 것은 분명하다.

은나라는 우리나라와 혈통이 같은 동이족 국가였는데 이들이 사유와 공유를 병행하는 홍익경제를 3,000여 년 전에 이미 시행했다는 것은 주목할 가치가 있다. 그리고 북한의 평양에도 정전법을 시행한 유적이 남아 있는 것으로 전해오는데 이것도 흥미로운 대목이다. 우리민족은 자본주의 사회주의가 유입되기 이전에 일찍이 홍익주의를 실행한 흔적을 이런데서 찾아볼 수 있는 것이 아닌가 여겨진다.

핀란드는 사회주의와 자유시장경제가 혼합된 경제체제를 유지하고 있는 나라인데 세계에서 가장 행복한 나라 1위로 5년 연속 선정되었다. 이는 미래 사회의 지향성을 예단하는 데 있어서 시사하는 바가 크다.

사전제와 공전제를 병행한 동양 고대의 정전법을 잘 연구하여 오늘날에 맞게 절충 조절한다면, 인간이 사회의 주인으로 활동하면서 경제와 도덕이 공존하는, 자본주의 이후 홍익주의 시대를 여는 데 많은 도움이 될 것으로 믿는다.

— 2022년 8월 29일 세미나 발표자료

제2장

개천절에 생각하는 한민족의 진로,
-홍익주의, 모범한국, 세계지도국가 건설

1

개천절의 의미

개천절은 우리나라의 개국을 경축하는 뜻깊은 날이다. 『삼국유사』에 의하면 환인의 아들 환웅이 널리 인간을 이롭게 한다는 홍익인간의 숭고한 이념으로 신선의 나라 신시神市를 개국하였고 환웅천왕이 웅족의 따님 웅녀와 혼인하여 단군왕검을 낳아 발해유역에 나라를 세워 조선이라고 하였다. 이것이 우리 문명사의 첫 출발점이다. 그러므로 환인은 우리 민족의 시조이고 환웅천왕은 개국의 국조이며 단군은 고조선 건국의 국조가 되는 셈이다.

우리 조상들은 발해유역에 터전을 잡고 중국대륙을 무대로 활동하였다. 『산해경』의 "발해의 모퉁이에 조선이 있다." "발해의 북쪽 연산燕山 남쪽에 조선이 있다." 『무경총요』의 "북경 북쪽에 조선하가 있다." 『태평환우기』의 "하북도 노룡현에 조선성이 있다."라는 기록 등이 그것을 증명한다.

우리 민족이 세운 고대국가는 다른 민족의 왕조와 달리 한번 건국을 하면 짧게는 500년, 길게는 1,000년~2,000년을 전쟁이 없는 평화 속에서 정권을 유지하였다. 이는 널리 인간을 이롭게 하라는 홍익인간, 이치로 세상을 다스리라는 이화세계의 꿈과 이상이 현실 세계에서 실현된 것을 반영한다.

우리 민족은 단군조선이 건국된 이후 수천년 동안 건국일을 범민족적인 축제로 경축해왔으며 그것은 부여의 무천舞天, 고구려의 동맹同盟, 백제의 영고迎鼓에서 확인이 가능하다. 다만 불행히도 우리는 1910년~1945년까지 일본에 의해 국권을 상실함으로서 이때 우리의 유구한 역사가 단절되고 아름다운 문화가 말살되는 아픔을 겪었다.

그러나 우리는 위대한 민족답게 35년 만에 국권을 되찾아 조국광복의 기쁨을 누렸다. 대한민국 임시정부는 다시 개천절을 건국기념일로 정해서 기리기 시작했고 대한민국 건국 후에는 단기를 국가의 공식연호로 지정했으며 1949년 10월 1일에는 개천절을 국경일로 선포하였다.

올해로 광복 77주년을 맞이하는데 아직도 개천절의 의미가 제대로 정리되지 못하고 있다. 개천開天의 천天은 천상天上의 천天이 아니라 치국평천하治國平天下의 천하天下를 가리킨다. 따라서 개천은 하늘을 열었다는 개천상開天上이 아닌 천하를 열었다는 개천하開天下의 뜻이 된다.

고려의 일연스님이 불교의 영향을 받아서 환인桓因을 부처님을 모시는 제석천帝釋天 하나님으로 해석하는 바람에 그것이 환웅의 신시 개국이 땅에서 이루어진 인간의 역사가 아닌 하늘나라의 신화적인 이야기가 된 것이다.

환인은 하늘나라의 제석천 하나님이 아니라 신석기시대 씨족사회의 환인씨로서 환한 이, 밝은 이를 한자로 음차하여 표기한 것이다. 일연이 『삼국유사』에서 인용한 고려시대 이전의 옛 기록 『고기古記』에 의하면 환인씨의 아들 환웅이 홍익인간 이념으로 신선의 나라 신시神市를 개국했고 이것이 우리민족의 첫 국가가 되는 셈이다.

대한민국 총리가 개천절 경축사에서 단군을 우리민족의 시조라 하기도 하고 국조라 하기도 하여 국민에게 혼선을 야기시키는 경우가 있는데 시조와 국조를 혼동해서는 안된다. 환인은 우리 민족의 시조이고 환웅천왕은 개국의 국조이며 단군은 고조선 건국의 국조가 된다.

우리가 단군을 우리민족의 시조로 호칭해서는 안 되는 이유가 또 있다. 중국의 한족들은 자신들의 시조를 황제 헌원이라 하고 그가 4,700년 전 인물이라 말한다.

우리가 고조선의 국조 단군을 시조라고 할 경우 시기적으로 중국 한족의 시조 황제 헌원보다 300여 년이나 뒤지게 된다. 한국사가 중국사에 귀속된다는 동북공정 논리를 적용하면 단군은 황제 헌원의 소수민족이라는 논리로 비약될 가능성도 없지 않다.

광복 77주년을 맞아 국부를 넘어 국혼을 되찾는 일이 시대적 과제로 대두되어 있는 지금 우리는 국혼과 직결되는 이런 부분들을 제대로 정립하여 민족정기를 바로 세워나가야 할 것이다.

2
아시아태평양시대는 중국몽과 한국혼의 대결의 시대가 될 것이다

1) 중국몽中國夢

중국몽은 2012년 11월 29일 중국국가주석 시진핑이 제시한 통치이념이다. 시진핑은 중국 공산당 제18차 전국대표대회 이후 이를 그의 지도사상이자 정치이념으로 표방했다. 시진핑은 중국몽에 대해 '중화민족의 위대한 부흥'을 실현하는 것이라고 정의했다.

중국몽의 최종 목표는 2049년 중화인민공화국 성립 100주년이 되었을 때 중화민족의 위대한 부흥을 실현하는 것이다. 위대한 부흥이란 무엇을 의미하는가. 국가부강, 민족진흥, 인민행복을 말한다.

구체적인 실천방법은 중국 특색의 사회주의 이론체계를 견지하면서 민족정신을 선양하고 중국역량을 응집시키는 것이다. 실현수단은 정치, 경제, 문화, 사회, 생태문명 다섯 가지를 일체로 건설하는 것이다.

2017년 10월 시진핑은 중화민족의 위대한 부흥이라는 역사적 사명을 실현하기 위한 세가지 필수 조건을 제시했다. 위대한 투쟁을 필수적으로 진행하고 위대한 공정을 필수적으로 건설하고 위대한 사업을 필수적으로 추진한다는 것이다.

모택동은 사회주의를 통해 중국을 혁명했고 등소평은 개혁개방을 통해 중국을 부강하게 만들었다. 이제 중화민족의 위대한 부흥을 통해 중화민국성립 100주년이 되는 2049년에 미국을 제치고 중국을 세계 제1의 국가로 만들겠다는 것이 중국몽, 즉 시진핑의 꿈이다.

시진핑은 위대한 중국몽의 실현을 위해 위대한 투쟁, 위대한 공정, 위대한 사업이라는 세 가지 필수조건을 내걸었는데 그 중요한 목표 중의 하나가 대만통일이다. 모택동은 한족의 시조 황제 헌원에게 은밀히 올린 제문에서 삼한통일의 속내를 드러낸 바 있다. 시진핑이 대만통일을 완성하고 나서 미국의 힘이 빠지면 대만통일 다음 차례는 한국이 될 가능성도 없지 않다.

문제점

(1) 공산당 1당 독재

어느 시대 어느 정권이나 물론하고 일당 독재는 부패를 가져온다. 경제의 속성은 부패이다. 중국이 시장경제를 하면서 경제는 발전하는 데 민주주의를 받아들이지 않고 공산당 일당독재를 계속하면 방부제 역할을 할 수 있는 기능이 없기 때문에 몰락의 길로 들어설 수 있다.

(2) 시진핑 장기 집권

최근 제20차 공산당 전국대표대회에서 시진핑의 3연임이 확정되었다. 그동안 7상 8하(67세 유임 68세 은퇴)와 2년 연임제가 시행되었는데 시진핑이 능상 능하로 바꾸고 나이 제한을 폐지하여 장기 집권의 길을 터놓았다.

(3) 내부반발

강택민은 이번 공산당 당 대회에 불참했고 후진타오는 폐막식 전에 퇴장했다. 이는 매우 이례적인 일이다. 공산당 안에 내부분열의 조짐이 있음을 보여주는 좋은 단서라고 본다.

(4) 미, 중 갈등

등소평은 중국이 아직은 밖으로 발톱을 드러내지 말고 안으로 힘을 키우라는 '도광양회韜光養晦'를 제창했다. 시진핑은 정치적 민족주의, 외교적 공세주의, 군사적 확장주의를 지향하면서 미, 중 갈등을 증폭시키고 있다. 중국이 미국을 상대로 대항하기에는 좀 더 시간이 필요하다. 등소평의 "도광양회"가 맞다고 생각한다.

(5) 언론자유 탄압

중국의 모든 언론은 관영언론이다. 언론자유가 철저히 억압되고 있다. 이번 당 대회를 앞두고 북경 시내에 내걸린 시진핑 비판 현수막 사건은 억눌린 민중의 자유의지의 한 표현이다. 이런 물결을 억지로 막아놓아 언젠가 둑이 무너지는 날이면 감당하기 힘들다.

2) 한국혼韓國魂

(1) 한민족의 역사

중국 한족은 황하 중류의 중원을 터전으로 발전한 민족이다. 4,700년 전 황제 헌원을 시조로 하고 4,070년 전 건국한 하우夏禹를 국조로 한다. 우리민족은 환인을 시조로 하고, 5,910년 전 신시를 개국한 환웅을 국조로 한다. 따라서 우리 한민족이 중국의 한족보다 2,000년 앞서 건국한 선진민족이다.

(2) 한민족의 활동무대

중국 한족은 섬서성, 하남성을 비롯한 황하 중류의 중원을 발판으로 발전한 민족이다. 우리 한민족은 산동반도, 요동반도 한반도를 포함한 발해유역이 주요 활동무대였다. 우리민족이 중국의 토착민으로서 한족漢族보다 2,000년 앞서 중국 대륙의 주인이었던 것은 문헌과 고고학으로 모두 입증된다.

동양 최고의 지리서인 『산해경』에서 "발해의 모퉁이에 조선이란 나라가 있다."라고 말했고 "발해의 북쪽, 연산 남쪽에 조선이 있다."라고 하였다. 이는 발해유역이 고조선의 터전이었음을 증명하는 결정적인 문헌 자료이다. 만리장성 너머 내몽골 적봉시에서 발굴된 홍산문화와 그 부근의 하가점하층문화는 5,000년 전 환국과 고조선의 건국을 입증하는 결정적인 고고유적이다.

(3) 한민족의 성격

공자는 고조선을 군자들이 사는 나라로 기리며 그곳에 가서 살기를 희망했다(子欲居九夷) 그러한 내용이 『논어』에 기록되어 있다. 고조선 사람들은 어떤 사람들이기에 공자가 자신이 이상으로 추구하는 인간상인 군자의 나라로 지칭하며 그들을 그리워했을까. 군자라는 말은 오늘날 서양의 신사라는 용어와 그 의미가 가깝다고 할 수 있다. 『산해경』에 한민족의 군자적 성격을 살필 수 있는 내용이 다음과 같이 보인다. "그 나라 사람들은 양보하기를 좋아하고 다투지 않는다.(其人好讓不爭)"

『후한서』 동이전에는 부여, 고구려, 옥저, 삼한 등을 군자국으로 지칭하고 있다. 이런 점들을 미루어본다면 고조선뿐만 아니라 그 뒤를 이어 건국한 한민족의 다른 나라들도 중국인에 의해 군자의 나라로 인식되었던 사실을 알 수 있는데 이는 양보하기를 좋아하고 다투기를 싫어하는 한민족의 성격에서 유래된 것이라고 하겠다.

(4) 한민족의 문화

우리는 그동안 미개했던 우리 한민족이 중국의 한족과 접촉하여 중국문화를 수용하면서 발전한 것으로 인식해 왔다. 그러나 중국 『한서』에는 한사군 설치시기에 "한족의 관리와 상인들이 조선의 백성들이 문을 닫아걸지 않고 자는 것을 보고 밤이면 몰래 도둑질을 하여 조선의 풍속이 차츰 나빠지게 되었다."라고 말하였다.

이런 기록을 통해서 본다면 중국의 한무제가 고조선을 침략하여 고조선과 교류가 시작되면서, 그것이 한민족의 고상한 군자문화가 저급한 중국의 한문화에 의해 오염되어 타락하는 계기가 되었다는 것을 짐작할 수 있다.

『한서』 지리지에도 고조선문화의 선진성을 뒷받침하는 다음과 같은 기록이 나온다. "조선의 백성들은 끝내 서로 남의 물건을 훔치는 일을 하지 않았다. 문을 잠그지 않고 살았으며 부인은 정조가 굳고 신조가 있어 음란한 행위를 하지 않았다."

『산해경』에는 군자국의 사람들을 가리켜 그들은 "의관대검 衣冠帶劍"을 한다 라고 말하였는데 이는 우리 한민족이 문무를 겸비한 문화민족이었음을 상징적으로 보여준다고 하겠다.

(5) 한민족의 혼

한국인에게는 수천년 동안 면면히 이어져 내려온 민족혼이 있다. 그것은 인류가 함께 공동번영을 이룩하는 홍익인간 이념이다. 우리민족은 개국을 한 이유가 국가와 민족을 넘어 인류를 사랑하는 홍익인간에 있었기 때문에 한번 건국을 하면 민족이 화합하고 단결하여 길게는 1,000년 2,000년 짧게는 500년 600년을 유지하였다.

우리민족이 양보하기를 좋아하고 다투기를 싫어한 것은 홍익인간이 체질화 된 것의 반영이고 대문을 활짝 열고 서로 신뢰하면서 성숙한 삶을 살았던 것은 홍익인간 정신이 사회에 깊이 뿌리내렸음을 보여주는 좋은 방증이다.

이처럼 홍익인간은 신화 속에 등장하는 허구적인 용어가 아니라 우리민족의 피속에 흐르는 동맥이요 우리민족의 역사 속에 간직된 심장이며 우리민족의 정신을 지탱해온 동아줄인 것이다.

다만 우리민족의 근대사 100년은 가슴 아픈 상처투성이다. 일본에 의한 주권상실, 열강에 의한 남북분단, 6.25 동족상잔 등 모진 고난을 겪으면서 이런 숭고한 건국이념, 우리민족을 이끌어온 정신적 동맥인 한국혼이 파괴되고 말살되었다.

문제점

① 국론분열

우리 조상들은 후손들에게 인류를 사랑하라고 건국할 때 홍익인간 정신을 강조하셨는데 오늘 우리는 촛불과 태극기로 갈라져 원수처럼 싸우고 있으니 조상 앞에 면목이 없다. 양보하기를 좋아하고 다투기를 싫어하던 민족정신은 어디 갔는가. 홍익인간 정신을 잃어버린 탓이다.

② **국토분단**

우리는 지금 세계의 마지막 분단국가라는 오명을 뒤집어쓰고 있다. 거기다가 이산가족의 왕래조차 안되는 극한 대치를 하고 있다. 홍익인간 정신의 회복만이 휴전선을 걷어낼 수 있는 유일한 길이다.

③ **북핵**

지금과 같은 자본주의와 공산주의의 대결방식으로는 북핵 문제를 영원히 풀 수 없고 오로지 홍익인간주의의 건설로서만이 해결할 수 있다.

④ **빈부격차**

한국은 지금 국민소득 35,000불 시대를 자랑한다. 그러나 한편에서는 끼니를 해결하지 못해 굶어 죽는 사람이 있다. 배 터져 죽는 사람과 배고파 죽는 사람의 격차를 어떻게 극복할 것인가.

3
중국몽과 한국혼의 대결에서 한국이 최후의 승자가 되기 위한 3대 실천방안

1) 국혼 회복 운동

박정희 대통령은 1970년 시작된 새마을 운동을 통해 부강한 나라를 건설했다. 70년대~80년대 김대중, 김영삼은 민주화 운동으로 민주주의 발전에 기여했다. 한국은 지금 국부國富와 민주화를 이룩했으나 정신적으로 건강하지 못하다. 자살률 세계 최고, 이혼율 세계 최고가 그것을 잘 대변한다.

이번의 카카오 서비스 먹통사태는 기업윤리의 부재와 기업가 정신의 결여가 불러온 재앙이다, 이 나라가 정신적으로 얼마나 건강하지 않은 나라인지 단면을 적나라하게 보여주었다. 국혼회복 운동을 전국적으로 전개하여 국민운동으로 승화시켜야 한다. 한국이 현재와 같은 혼이 없는 상태를 지속한다면 거대한 중국몽과의 대결에서 패배의 쓴 잔을 마실 것은 불을 보듯 뻔한 일이다.

2) 사대, 식민사관 청산, 동북공정 대응을 위한
   바른역사국민교과서 편찬

(1) 발해조선의 말살

사대식민사관에 의해 우리역사의 뿌리인 북쪽의 발해조선이 잘려나가는 바람에 역사의 길이가 단절되었고 역사영토는 압록강 이남으로 축소되었다. 현재 우리 역사교과서에는 발해조선이 빠져 있고 2,000년 전에 한무제에 의해 한반도가 식민지화되었다는 논리가 서술되어 있다. 이런 논리로는 중국의 동북공정을 대응할 길이 없다. 시진핑이 "한국은 역사상 중국의 일부였다."고 망언을 해도 그것을 반박할 근거가 없는 것이다.

(2) 가야사의 왜곡

대일항전기 식민사학은 저들의 식민통치를 정당화할 목적으로 1,300년 전부터 일본이 임나를 통해 한반도의 남부를 지배했다고 역사를 왜곡하였다.

가야국은 고조선의 유민이 세운 변한 12국 중의 하나로서 김수로왕은 당당한 가야국의 국왕인데 식민사관의 유산을 계승한 한국의 강단사학은 난생설화를 핑계로 수로왕을 신화 취급하고 가야사를 부족시대로 평가절하함으로써 결과적으로 일제의 역사 왜곡을 정당화시키는 태도를 취하고 있다. 당시 한반도 남부에 가야국이 없었다면 일본의 임나부가 존재했다는 논리의 성립이 가능하기 때문이다.

한국불교는 1,600년 전 고구려 소수림왕 때 중국을 거쳐서 들어온 것으로 교과서에 기록되어 있다. 그러나 중국불교는 동한국의 제2대 황제 즉 동한 명제 영평 2년(서기 59년)에 사신을 인도에 보내서 불경을 들여와 이것이 중국불교의 출발점이 되었다.

『삼국유사』에 의하면 동한 제1대 황제인 광무황제 건무 24년 갑신(서기 48년)에 서역 아유타국에서 허황옥이 파사석탑을 실고 가야에 왔다고 금관성 파사석탑조에 기록되어 있다.

이는 중국보다 11년 앞서 인도에서 가야로 불교가 직접 들어 왔으며 가야가 동아시아 불교의 발상지라는 이야기가 된다. 가야사가 왜곡되는 바람에 한국불교가 중국의 아류로 전락하는 결과를 가져온 것이다.

(3) 바른역사국민교과서 편찬

발해조선의 말살과 가야사의 왜곡을 바로잡지 않고서는 한민족의 정기와 국혼은 살아날 수가 없고 또한 한국사를 탈취하려는 동북공정과 일본의 영토야욕을 막아낼 방도가 없다.

일본 총독부 조선사편수회의 식민지 유산을 계승하고 있는 현재의 국사편찬위원회가 바른역사교과서를 편찬해주기를 기대하는 것은 그야말로 쓰레기통에서 장미꽃이 피어나기를 바라는 것이다.

중국몽과 대결할 수 있는 강한 한국혼을 바로 세우기 위해서는 국민이 나서서 바른역사편찬위원회를 만들어 교과서 편간작업을 진행해야 한다. 그래서 이를 학교에서 학생들을 가르치는 교재로만 사용할 것이 아니라 전 국민의 국혼교재, 교양 필독서로 삼아야 한다.

3) 촛불과 태극기를 넘어서 우리 사회를 이끌어갈 제3의 새로운 대안 세력의 등장

촛불로 집권한 문재인 정부는 좌편향적이었다. 임기 내내 극도의 혼란 속에서 우측이 마비된 반신불수 정권이나 다름이 없었다. 우파는 정권타도를 외치며 전쟁을 방불케 하는 싸움을 벌였다. 이제 정권이 좌에서 우로 교체되었다. 나라가 안정되기를 바라는 국민의 여망이 담겼을 것이다. 그러나 국가가 분열과 혼란 속에 허덕이기는 마찬가지이다.

지금 우리는 좌, 우 정권을 다 경험하였다. 좌파가 집권하면 우파가 반대하고 우파가 집권하면 좌파가 반대한다. 대안은 하나다. 촛불과 태극기를 넘어서 우리 사회를 새롭게 이끌어 나갈 제3의 세력, 양극을 하나로 융합할 수 있는 3.1철학을 가진 세력이 등장해야 한다.

지금처럼 국론이 분열되고 정국이 혼란스러운 상황에서 중국몽과 대결한다는 것은 승리는 고사하고 파멸을 자초할 것이다. 촛불세력과 태극기세력을 넘어서 좌우를 융합할 국혼세력이 나와서 먼저 국내정치를 안정시키고 이어서 3.8선을 허물어 남북통일을 이룩하고 8,000만 민족이 강한 한국혼으로 무장하여 중국몽을 상대로 승리를 쟁취해야 할 것이다.

촛불을 든 좌파와 태극기를 든 우파가 같은 자기 민족끼리 싸우자 이기자를 외치며 권력다툼을 벌이는 이 몰골이 얼마나 한심한가. 국혼세력은 우리끼리 박이 터지게 싸우는 촛불세력과 태극기세력을 한국혼으로 무장시켜 거대한 중국몽을 상대로 싸움을 벌여 승리를 쟁취하도록 해야할 것이다.

4
우리의 최종 목표는
홍익주의, 모범한국, 세계지도국 건설이다

1) 홍익주의

우리의 최종목표는 중국몽을 이기는 데 있지 않다. 자본주의와 사회주의의 논리를 넘어서 홍익주의를 창조하고 한국이 먼저 홍익주의를 실현하여 세계의 모범국가가 되고 더 나아가 홍익주의를 세계에 널리 전파하여 세계의 지도국이 되는 것이 최종 목표이다.

홍익주의는 "인중천지일人中天地一"사상을 기초로 한다. 인간이 곧 하나님이기 때문에 모든 인간은 상대적 자유가 아닌 절대적 자유인의 존재이다.

이익을 혼자 독점하지 않고 널리 함께 나누는 홍익인간의 '홍'은 도덕이고 사익을 배제하지 않고 도덕과 아울러 경제를 중시하는 것은 홍익인간의 '익'에 기초한 것이다. 절대 자유, 도덕, 경제가 홍익주의가 추구하는 3대 강령이다.

2) 모범 한국

자본주의는 경제는 발전하지만 도덕이 결여되는 한계가 있고 사회주의는 공동의 부를 지향하지만 생산이 따라주지 않는다. 생존경쟁과 계급투쟁을 강조하는 자본주의와 사회주의는 모두 인간의 존엄성에 대한 인식이 부족하다.

진정한 자유는 제도가 보장하는 것이 아니라 인간의 의식이 자유로워야 한다. 절대 자유와 도덕과 경제가 공동발전하는 홍익주의로 물질은 풍요하고 정신은 편안한 나라를 만들어 대한민국이 먼저 세계에서 가장 살기 좋은 나라 1위, 세계의 모범국가 되어야 한다.

3) 세계지도국 건설

한국이 절대 자유와 도덕과 경제가 공동발전한 살기 좋은 나라가 된다면 세계의 인류가 한국을 모델로 삼고자 할 것이다. 교수는 한국에 와서 가르치기를 바라고 상인은 한국에 와서 장사하기를 바라고 학생은 한국에 와서 공부하기를 바라고 과학자는 한국에 와서 연구하기를 바라고 근로자는 한국에 와서 노동하기를 바라는 그런 나라가 된다면 한국은 세계의 모범국가를 넘어 세계의 지도국가가 되는 것이다.

한국을 인류가 와서 살기를 희망하는 지상천국, 양보하기를 좋아하고 경쟁과 투쟁이 없는 모두가 부러워하는 모범국가를 만든다면 중국몽과의 승리를 넘어서 세계의 지도국이 될 수 있을 것이다.

5
마무리

중국의 영토면적은 약 960만 평방킬로미터에 달한다. 중국의 인구는 약 15억으로 추산한다. 땅덩어리는 한국보다 100배나 더 크고 인구는 한국보다 30배나 더 많은 중국, 그들이 내건 중국몽을 향해 한국혼이 도전하여 승리를 거둔다는 것이 사실 간단한 일은 아니다.

그러나 앞으로 한국혼이 승전할 수 있는 몇 가지 요인이 있다. 첫째 이번 제20차 당 대회에서 나타난 결과를 보면 중국의 미래가 그다지 밝지 않을 것으로 전망된다. 시진핑의 집권이 기존 10년에서 5년이 연장되었고 사실상은 시진핑의 장기 집권의 길이 열렸다.

권력 구조는 집단지도체제에서 1인 독재체제로 바뀌었고 당 중앙 상무위원 7명을 모두 시진핑 측근 중심으로 교체하여 널리 다양한 의견을 청취할 수 있는 길을 막아버렸다.

앞으로 중국은 경제는 발전하겠지만 자유의 욕구를 충족시키지 못함으로 인한 민심이반, 1인 독재체제로 인한 정권부

패, 빈부격차의 심화로 인한 민중 반란이 야기될 우려가 없지 않다.

시진핑은 중화민족의 위대한 부흥을 꿈꾸며 중국몽의 기치를 높이 들었는데 결과적으로 내부붕괴와 미, 중 갈등을 심화시켜 내우외환에 직면, 몰락의 길로 들어설 가능성도 적지 않은 것이다.

둘째 역사를 돌이켜보면 대국이 소국을 이긴 경우가 많지만 소수가 다수를 이긴 사례도 적지 않다. 을지문덕은 고구려의 소수병력으로 수나라의 100만 대군과 싸워 이겼고 이순신은 배 12척으로 왜선 300척을 물리쳤다. 전쟁에서 승리를 좌우하는 것은 덩치의 크기가 아니라 강인한 투지로 무장된 정신력과 뛰어난 전략을 구사하는 것이다.

셋째 중국이 인구는 15억에 달하지만 공산당원은 9,600만 명에 불과하다. 다시 말하면 중국 공산당을 위해 목숨을 바칠 사람들은 1억명이 채 안 된다는 사실이다. 특히 중국은 56개 민족으로 구성된 다민족 국가로서 국가가 어떤 변란 사태가 왔을 때 저들 각 소수민족들이 한족의 이익을 위해 일사불란하게 움직인다는 보장이 없다.

우리민족은 해외동포까지 모두 합하면 8,000만이 되는데 모두가 단군 할아버지의 자손이다. 동포애가 강한 8,000만 민족이 일당백의 정신으로 합심·협력한다면 9,600만 중국 공산당을 이길 수 있다.

넷째 우리는 일찍이 발해유역을 무대로 중국대륙을 지배했던 자랑스러운 민족이다. 우리는 지금 한반도를 중심으로 살아가고 있지만 우리의 피속에는 대륙의 피가 흐르고 있다.

발해조선, 발해고구려, 발해백제시대에 천하를 경영했던 DNA가 우리의 몸속에서 꿈틀 대고 있는 것이다. 따라서 중국몽을 이기고 세계의 지도국이 될 자격을 체질적으로 소유하고 있는 것이다.

— 2022년 10월 20일 세미나 발표자료

제3장

한민족의 반만년 중심철학 홍익인간

1
한민족의 가슴에 대못을 박은 사람들

현재 한국 사람들은 2천년 전 한漢과 조선(위만조선)의 전쟁에서, 강대한 한나라의 적수가 되지 못했던 약소국 조선이 일패도지, 즉 제대로 싸워보지도 못한채 패망한 것으로 알고 있다. 교과서에서 그렇게 배웠기 때문이다.

그러나 사마천『사기』조선열전을 뜯어 보면 장수를 여러번 교체해도 뚜렷한 성과가 없고 패색이 짙어가던 한나라가 반전의 기회를 잡은 것은 조선 이계(지명)의 재상인 참 때문이었다. "이계의 재상 참이 사람을 시켜 조선왕 우거를 살해하고 와서 항복했다.(尼谿相參 乃使人殺朝鮮王右渠 來降)"라는 조선열전의 기록이 그것을 잘 뒷받침해준다.

한무제는 이 계책 저 계책을 다 써 보았지만 결국 무력으로 기마민족인 조선을 이길 수 없다는 판단에 이르게 되자 농경민족의 상투적 방식인 간첩을 이용한 내부 교란책을 썼고 그 미끼에 걸려든 조선의 이계 재상 참이 결국 조국을 배반하고 조선 왕을 살해하여 항복하는 바람에 이것이 조선 패망의 결정적인 요인이 되었다.

조선 이계의 재상 참은 전쟁 뒤 한무제의 논공행상에서 지금의 산동성 지역에 있던 획청후澅淸侯로 봉해져 한나라의 일등공신이 되었다. 이때 이계의 재상 참이 조선왕을 살해하고 한나라에 항복하지 않았다면 한과 조선의 전쟁은 조선의 패전으로 끝나지 않았을 것이고 그 후 조선의 역사는 다른 모습으로 전개되었을 것이다. 그러므로 고조선 이계의 재상 참은 우리 민족의 가슴에 대못을 박은 사람이다.

신라의 김춘추는 당나라의 군대를 끌어들여 그것이 결국은 백제와 고구려의 멸망으로 이어졌는데 김춘추가 당군을 끌어들인 동기를 살펴보면 대야성 전투에서 그의 사위와 딸이 백제군에 의해 사망한 것이 결정적인 요인이었다. 사위와 딸이 죽은 사사로운 원수를 갚기 위해 이민족인 당나라의 군대를 끌어들여 동족인 백제와 고구려를 멸망시켰으니 김춘추는 우리 민족의 가슴에 대못을 박은 사람이다.

고구려는 최치원의 말에 따르면 당시 강병 100만을 거느린 세계적인 군사 강대국이었다. 수양제가 3차에 걸쳐 고구려를 침공했지만 결국 수나라가 먼저 넘어졌고 천하의 당태종은 두 번에 걸쳐 고구려 친정에 나섰지만 결국 후회하고 포기했다.

이런 강대한 제국 고구려가 왜 보잘 것 없는 당고종에 의해서 멸망했는가. 연개소문의 아들 남생, 남건, 남산이 형제간에 권력다툼을 벌이다가 장자 남생이 중국으로 망명하여 당나라의 앞잡이가 되어 당나라 군대를 이끌고 고구려에 쳐들어 왔다. 이것이 고구려가 멸망하는 결정적인 계기가 되었다. 그러므로 연개소문의 장자 고구려의 남생은 우리 민족의 가슴에 대못을 박은 사람이다.

이완용은 을사조약과 한일병합조약 등을 주도한 대표적인 친일파로서 을사오적 중 한 사람이다. 1905년 학부대신으로서 을사조약 체결에 앞장 섰고 1910년에는 스스로 한일양국 병합 전권위원이 되어 한일합병조약을 체결했다.

일제에 협력한 공로로 1907년 10월 일본 정부로부터 훈 1등 욱일대수장을 받았고, 한일합병조약 체결 직후인 1910년 8월 금척대수장을 받았다. 1912년 8월에는 합병에 대한 공로로 한국병합기념장을 받기도 하였다. 일제 35년은 우리민족 역사상 유일하게 주권을 상실한 시기이다. 민족수난기에 친일매국에 앞장선 이완용은 우리 민족의 가슴에 대못을 박은 사람이다.

2
한민족의 가슴에 칼을 꽂은 현대판 12적

대한민국은 지금 비유하면 몸뚱이는 있는데 혼이 없는 사람과 같다. 혼이 없는 사람을 가리켜서 뭐라고 말하는가, 송장이라고 하지 않는가. 왜 우리나라가 이처럼 몸뚱이만 있고 혼이 없는 산 송장과 같은 나라가 되었는가.

대한민국의 지난 70년 역사를 돌이켜보면 그동안 대한민국의 지도자들은 몸뚱이를 만든 사람은 있어도 그 속에 혼을 불어넣어준 사람이 없었다. 경제 대통령, 민주화 대통령은 있었어도 민족혼을 바로 세운 홍익대통령이 없었던 것이다.

나라를 잃었을 때는 독립이 시대정신이요 가난할 때는 부강이 시대정신이며 독재가 판을 칠 때는 민주화가 시대정신이다. 우리는 피땀 흘려 잃어버린 나라를 되찾았고 산업화를 이룩하여 10대 무역국가가 되었으며 싸워서 민주화를 쟁취했다. 오늘 조국광복, 산업화, 민주화를 모두 달성한 우리 대한민국의 시대정신은 무엇인가. 그것은 사대정신과 식민사관을 청산하고 한국인의 민족혼을 바로 세우는 일이다. 국혼의 부활이 오늘날의 시대정신인 것이다.

남북이 분단되어 이산가족 상봉조차 못하고 있는 것도 창피하고 가슴아픈 일인데 그것도 모자라서 또 남한에서 좌우가 촛불과 태극기로 갈라져 살벌한 전쟁을 벌이는 와중에 코로나19라는 세기적인 병마가 들이닥쳤다.

설상가상 엎친데 덮친 격으로 한국인은 지금 육체적 위기와 정신적 위기를 동시에 격고 있다. 대한민국 국민들은 지금 2중, 3중의 고통속에서 사경을 헤메고 있다. 이 위기 이 고통에서 하루속히 벗어나는 길은 무엇인가.

오늘날 일반적으로 한국의 시대적 과제를 청년 일자리 창출, 균형발전, 4차산업혁명, 사회보장제도, 남북통일 5대 과제를 꼽는다. 그러나 나는 한국에서 가장 선결적으로 해결해야 할 시대적 과제는 바로 민족혼을 바로 세우는 일이라고 생각한다. 왜냐하면 민족혼이 바로 서지 않고서는 위에서 말한 5대 과제는 공염불이 될 수밖에 없기 때문이다.

전직 대통령이 둘씩이나 감옥에 잡혀 들어가 있는 현실, 조국, 윤석열 사건, LH 사태 등은 이 사회가 정신적으로 건강하지 않다는 민족혼이 썩어 있다는 단적인 증거이다.

혼이 없는 정치, 혼이 없는 경제, 혼이 없는 사회, 혼이 없는 국가가 어떻게 바로 설수 있겠는가. 그러므로 청년일자리, 균형발전, 4차산업혁명, 사회보장제도, 남북통일을 이룩하기 위한 전제조건 선결과제가 국혼의 부활인 것이다.

　오늘날 한국사회 갈등의 밑바닥을 들여다보면 민족혼과 국혼의 부재에 기인한 바가 크다. 민족혼을 바로 세우는 것이 이 시대의 시대정신인데 일국의 국회의원이라는 자들 12명이 시대정신을 외면하고, 교육이념에 명시된 홍익인간을 삭제하자는 내용의 교육기본법 개정안을 만들어 들고 나왔다. 그런 점에서 법안을 발의한 저들 국회의원 12명은 민족의 가슴에 칼을 꽂은 현대판 12적이라고 말할 수 있다.

　다만 발의를 했다가 국민적 저항에 부딪혀 다시 철회를 하는 바람에 칼을 꽂았다가 다시 뽑은 격이 되어 치명상은 입히지 않았지만 그래도 생명에 상처는 남긴 셈이다. 만일 상정한 법안이 통과되었더라면 저들은 민족전체의 운명을 망가뜨리고 역사의 씻을 수 없는 죄인이 되었을 것이다.

　그러나 저들은 국민의 혈세를 받아 생활하는 자들로서 법안의 통과 여부를 떠나서 그런 시대정신에 반하는 법안을 발의했다는 사실 자체만으로도 민족의 가슴에 칼을 꽂은 현대판 12적으로 규정되어 전 민족적 규탄을 받아 마땅하다. 이런 일은 국회의원의 운명이 아니라 국가의 운명을 좌우하고 정권의 운명을 넘어서 민족의 운명을 좌우하는 일이 되기 때문이다.

그런데 지금도 저들이 그런 망국적 작태를 완전히 포기한 것이 아니라 새로운 방법으로 관철을 시도한다는 지적이 있다. 저들은 민족의 가슴에 칼을 꽂는 일은 당대의 심판에 직면할 뿐만 아니라 역사의 심판대에 서서 자손만대로 준엄한 징벌을 받는다는 사실을 명심해야할 것이다. 얼빠진 국회의원 몇 사람이 국가 존망에 영향을 미치는 시험대에 설 수 있다는 것을 망각하면 안될 것이다.

홍익인간은 우리민족을 반만년동안 이끌어온 중심철학이자 민족혼이다. 한국인을 이끌어온 정신적 지주는 홍익인간 네 글자로 요약된다. 지금 대한민국은 민족혼을 되찾아야 한다는 것이 역사의 외침이요 시대의 함성이다. 아래에서 홍익인간이 중심철학으로서 어떻게 우리민족의 정신세계를 이끌어왔는가 하는 점을 구체적으로 살펴보고자 한다.

3
한민족의 반만년 중심철학 홍익인간

1) 환국의 건국이념 홍익인간 정신

우리의 첫 국가는 고조선이 아니라 환국이고 고조선의 발상지는 한반도가 아니라 발해만 유역이다. 발해조선은 『산해경』의 "발해의 모퉁이에 고조선이란 나라가 있다.(北海之隅 有國名曰朝鮮)"라는 기록을 통해서 증명된다. 환국의 실체는 『시경』 상송에 나오는 환국 밝족(桓發)의 이야기와 내몽골 적봉시에서 발굴된 홍산문화의 8천년 전 신석기 시대 동아시아 최초의 석룡石龍과 농경지, 촌락 유적에 의해서 고증된다. 고조선과 환국은 신화가 아니라 역사라는 것이 이제는 문헌학과 고고학을 통해서 모두 입증이 되는 것이다.

환국의 시조 환인桓因은 세계의 척추, 유라시아의 중심지 백산白山, 즉 오늘날의 천산天山에 밝달족의 첫 국가 환국을 세웠다. 환국을 세운 환인은 우리말 환한 이, 밝은 이의 뜻이다. 환인은 여러 아들 중에 특별히 자질이 뛰어난 환웅을 바이칼의 태백산 즉 사얀산(사얀은 여진어로서 우리말 하얀산의 뜻)으로 보내며 홍익인간 정신을 바탕으로 건국할 것을 당부하였다.

파미르의 백산에서 무리 3천명을 대동하고 바이칼의 태백산으로 이동한 환웅은 아버지의 홍익인간 정신을 이어받아 신선의 나라 신시神市를 개국하고 환웅천왕에 즉위하여 풍백, 운사, 우사, 즉 영상, 좌상, 우상의 삼상三相에 해당하는 관직을 두고 그 아래에 주곡主穀, 주명主命, 주병主病, 주형主刑, 주선악主善惡의 5부 장관을 배치했다.

오늘날로 말하면 주곡은 농림부장관, 주명은 행자부장관, 주병은 보건복지부장관, 주형은 법무부장관, 주선악은 교육부장관에 해당한다고 할 것이다. 그리고 이들 5부 장관을 통해서 국가의 360여 가지 업무를 각기 분장토록 하여 "재세이화在世理化" 즉 세상을 이치로서 교화하였다. 이것이 불가 사서인 『삼국유사』와 선가 사서인 『삼성기전』의 문헌자료에 보이는 환국의 건국과 관련된 내용이다.

따라서 "홍익인간 재세이화"는 환국의 건국이념이거니와 엄격히 구분하여 말한다면 홍익인간은 환인 환국의 건국이념이고 "재세이화"는 환웅 환국의 정치이념이라고 말할 수 있겠다.

『삼국유사』의 기록으로 미루어 본다면 환웅시대의 환국은 환인시대의 환국보다 관료의 행정 조직을 비롯한 국가의 운영 체계가 어느 정도 구비된 상태를 보여준다.

환인씨시대에 유라시아의 중심지 밝산(白山)에서 출발한 환국은 환웅씨시대에 이르러 바이칼의 사얀산(太白山) 지역으로 이동하여 홍익인간 정신을 바탕으로 신시를 개설하고 그곳의 토착민인 곰을 토템으로 한 웅부족과 결합하여 환국의 새로운 시대를 열었다고 하겠다.

환웅씨 환국은 치우환웅천왕시대에 이르러 청구靑邱 즉 지금의 발해만 유역 산동성 동북부, 내몽골 적봉시 밝산紅山 지역으로 강역을 널리 확대하여 여기서 환국의 전성기를 맞았다.

오늘날 홍산문화 유적지에서 제단, 여신전, 적석총 등 세계를 깜짝 놀라게 한 5,500년 이전에 건국을 상징하는 유적들이 쏟아져 나왔는데 이것이 바로 치우환웅시대에 환국이 남긴 문화유적들이다.

중국의 고고학자들은 이를 건국 전야의 유적으로 평가하고 있다. 5,500년 전에 만리장성 밖의 오랑캐 땅에서 건국을 입증하는 중국의 문헌자료가 없다고 보기 때문이다.

그러나 그것은 저들이 고조선에 앞서 홍익인간 이념을 바탕으로 건국된 환국의 역사를 알지 못한데서 기인한 것이다. 내몽골 적봉시 홍산문화의 제단, 여신전, 적석총은 건국 전야의 유적이 아니라 바로 환국의 전성기 치우환웅씨 환국의 유적인 것이다.

2) 『천부경』과 홍익인간 정신

『좌전』 소공 12년 조항에는 "삼분 오전三墳五典"에 관한 기록이 나온다. 『삼분』은 삼황시대의 책이고 『오전』은 오제시대의 책이라고 말하는 사람이 있다. 상고시대에 이런 경전이 실재했었는지 지금으로선 확인할 길은 없다.

지금 전하는 『주역』 이전에 『연산역』과 『귀장역』이 있었는데 『연산역』은 복희씨가 지었고 『귀장역』은 신농씨가 지었으며 『주역』은 황제가 지었다는 설이 있다. 황제가 지었다는 책은 『황제음부경』, 『황제내경』이라는 책도 있다.

동양에서 화하족의 경전이 아닌 동이족의 경전으로 전해오는 상고시대의 경전은 『천부경』이 있다. 『천부경』은 신라의 최치원에 의해서 전해졌다는 우리나라의 기록이 있는 것을 보면 이는 동이족 특히 우리 한민족의 상고시대 경전이 아닌가 여겨진다.

고대의 경전은 대개 간단명료한 것이 특징이다. 후세로 내려오면서 여러 학자들의 주석이 추가되면서 부피가 방대해진 것이다.『천부경』은 모두 합해서 81자에 불과하다.『황제음부경』보다도 내용이 훨씬 더 압축적이다. 아마도 세계에서 가장 짧은 경전이『천부경』이 아닐까 한다.

오늘날 한국인에게『천부경』은 유일하게 한국인의 고유 경전으로 인식되는 경전이다. 그러나『천부경』이 어느 시대 누구에 의해서 저작되었는지 그것을 아는 사람은 많지 않다. 나는 오늘날 우리에게 전하는『천부경』은 바로 치우환웅시대 홍산 환국의 경전이라고 믿는다.

『천부경』을 치우 환웅시대 환국의 경전으로 보는 근거는 무엇인가. 치우천왕이 후세에 유일하게 천부신天符神으로 추앙되었기 때문이다.

『천부경』은 81자에 불과하면서도 우주의 구성과 운행원리와 인간존재의 위대성을 포괄적으로 설명하고 있다. 81자로 압축 설명한 우주와 인생의 심오한 철리는 후대의 동양 경전으로 추앙되는 유가의『논어』나『주역』, 불가의『금강경』,『반야심경』, 도가의『노자』,『장자』로는 도저히 따라갈수 없는 높고 깊은 진리를 담고 있다.

"무시무종無始無終"과 "인중천지일人中天地一"이『천부경』이 가르치는 핵심사상이다. 한마디로 말하면 환국의 건국이념인 "홍익인간" 네 글자를 81자로 풀어서 설명한 것이『천부경』

이라고 생각한다. 『논어』, 『주역』, 『금강경』, 『반야심경』, 『노자』, 『장자』가 나오기 이전 상고시대에 살았던 우리의 조상 환국의 백성들은 『천부경』을 독송하며 홍익인간 정신을 삶 속에서 구현해나갔던 것이라고 하겠다.

3) 고조선과 상나라의 건국 이념과 홍익인간 정신

단군이 발해만 유역에 세운 나라의 이름은 원래 밝조선 즉 발해조선이었다. 이를 후세에 위만조선이나 이성계의 한양조선과 구분하기 위하여 고조선이라 표기해 왔다.

명나라의 오명제가 편찬한 『조선세기』에 의하면 단군을 가리켜 "구이가 임금으로 받들었다.(九夷君之)"라고 하였고 조선왕조 『세종실록』에는 "조선, 시라, 고례, 남옥저, 북옥저, 동부여, 북부여, 예, 맥이 다 단군이 다스리던 나라이다."라고 하였다. 이는 단군의 고조선은 9개의 제후국을 거느린 연방국가였음을 말해주고 있다.

단군이 9이족을 통일하여 발해 유역에 세운 나라가 발해조선인데 단군은 환국의 임금 환웅천왕과 웅족의 딸 웅녀가 혼인하여 낳은 아들이므로 단군의 발해조선은 환국의 건국이념인 홍익인간 정신을 바탕으로 건국하였음은 두말할 나위 없다.

발해조선은 구이九夷 즉 아홉 개의 이족이 대화합을 이루어 건국한 이후 2,000여년 동안 평화 속에서 왕조를 유지하였는데 이는 세계 역사상 그 유례를 찾아보기 힘든 경우이다. 단군의 발해조선은 환국의 홍익인간 건국정신을 계승하고 실천한 것을 보여주는 방증이라 하겠다.

『시경』에는 상나라의 국조 탕湯임금의 건국과정을 설명하는 내용 가운데 "불경 불구不競不絿 불강 불유不剛不柔"라는 말이 나온다. "다투지도 않고 느슨하지도 않으며 강하지도 않고 부드럽지도 않다."라는 것은 무엇인가. 균형과 조화를 의미하는 말이다.

홍익인간은 한마디로 말하면 균형과 조화의 정신이다. 상나라는 동북방의 동이족이 중원에 내려가 세운 국가로서, 환국의 밝족이 세운, 고고학적으로 증명되는 중원의 첫 나라이다. "서두르지도 느슨하지도 않으며 강하지도 부드럽지도 않은" 정신을 추구했던 상나라의 건국정신은 균형과 조화를 강조하는 환국의 홍익인간 정신을 그대로 계승한 것이라고 하겠다.

4) 기자箕子의 『홍범洪範』과 홍익인간 정신

유가의 삼경三經 중에 하나인 『서경書經』에 기자의 『홍범』

이 실려 있다. 주희는 『홍범』에 대한 주석을 내면서 서두에 『한지漢志』를 인용하여 "우임금이 홍수를 다스릴 때 『낙서洛書』를 주셨는데 이를 본받아서 진술한 것이 바로 『홍범』이다.(禹治洪水 錫洛書 法而陳之 洪範是也)"라고 하였다.

주희는 『낙서』와 『홍범』을 동일시하고 있는데 『낙서』를 주셨다는 말만 있을 뿐 누가 주었다는 주어가 생략되어 있다. 그러면서 주희는 "『홍범』의 원저자가 기자가 아니라 우임금이었을 것이다.(意洪範 發之於禹 箕子推衍增益 以成篇歟)"라는 추상적인 발언을 뒤에서 덧붙였다.

하나라의 우임금은 화하족을 대표하는 인물인 점을 감안한다면 이는 주희가 동양사상의 원류가 되는 『홍범』을 동이족의 저술이 아닌 화하족에 뿌리를 둔 저작으로 탈바꿈시키려는 의도가 내재되어 있었던 것이 아닌가 여겨진다.

우임금의 치수와 관련하여 소개할 것이 있는데 동한시대에 조엽趙曄이 쓴 『오월춘추吳越春秋』의 월왕무여외전越王无余外傳에 따르면 "꿈에 나타난 현이玄夷의 창수 사자蒼水使者가 하夏나라의 우왕에게 홍수를 다스리는 내용이 담긴 금간金簡으로 된 책을 전해주었다."라는 기록이 나온다. 이 기록에 의거하면 우임금에게 홍수를 다스리는 내용이 담긴 책을 전달한 것은 현이의 창수 사자라고 말하고 있다.

현이는 누구인가. 『후한서』 동이전에 "동이가 아홉 가지 종류가 있는데 견이, 우이, 방이, 황이, 백이, 적이, 현이, 풍이, 양이이다.(夷有九種 曰畎夷 于夷 方夷 黃夷 白夷 赤夷 玄夷 風夷 陽夷)"라고 하였다. 이 기록을 통해서 우리는 상고시대의 동이족 가운데 현이玄夷라는 동이족이 존재했었음을 알 수 있다.

『서경』에 상나라의 출발을 설명하는 내용 가운데는 "현조가 상나라를 탄생시켰다.(玄鳥生商)"라는 기록이 나오는데 이는 상나라가 현조를 토템으로 한 현이였을 가능성을 말해준다. 치우천왕이 현도국玄都國의 현도씨玄都氏였다는 것이 『일주서』 『죽서기년』『노사路史』 등의 문헌을 통해서 고증되고 있는 것을 본다면 현이인 상나라의 시조는 치우였음을 미루어 짐작할 수 있다.

『오월춘추』에서 말한 "현이의 창수 사자"는 현도국 현도씨 치우천왕 계통의 왕이 보낸 사신이고 창수 사자가 우임금에게 전달한 책은 『홍범』이었다고 보는 것은 지나친 비약일까.

기자는 은나라 말엽의 왕자이고 현조를 토템으로 했던 현이 상탕商湯의 후손이다. 기자는 은나라가 망하자 고조선으로 망명했는데 그가 서주의 무왕에게 『홍범』을 전달했다는 기록이 『서경』에 실려 있다.

기자가 패망한 은나라를 떠나감에 있어서 왜 망명지를 고조선으로 선택했을까. 기자가 망명지로 고조선을 선택한 데는 두 가지 이유를 예상할 수 있다. 하나는 고조선이 기자의 본래 조국이었을 가능성이고 다른 하나는 은나라와 고조선은 동족이었을 가능성이다.

그리고 기자가 서주무왕에게 전달했다는 『홍범』은 어떤 책일까. 바로 현이의 창수 사자가 우임금에게 전달했다는 그 책이 아니겠는가. 그러니까 『홍범』은 지금은 『서경』에 실려서 중국 화하족의 전적典籍으로 알려져 있지만 사실 『홍범』은 본래 현이족 상나라의 국가 경영을 위한 민족 경전으로서 대를 이어 전해져 내려왔는데 태사太師의 직위에 있던 기자가 이를 전해 받았고 은나라가 망하자 기자는 이 국보급에 해당하는 귀중한 민족 경전을 간직한 채 망명길에 올랐던 것이라고 하겠다.

그런데 새로 중원의 왕자가 된 서주의 무왕이 직접 방문하여 국가경영에 대한 자문을 구하자 기자는 홍익인간의 이상과 철학이 담긴 동이족의 민족 경전 『홍범』을 무왕에게 전해준 것이다. 『오월춘추』와 『서경』의 기록을 비교 검토해 본다면 이런 결론이 도출되는 것이며 이것이 역사적 진실인 것이다.

그러면 『홍범』이란 책은 무슨 내용을 담고 있는가. 그 내용을 살펴보면 세상을 다스리는 대강령을 적은 것으로서 모두 9가지로 구성되어 있다. 그래서 『홍범구주洪範九疇』라고도 한다.

『홍범』은 1 오행, 2 오사, 3 팔정, 4 오기, 5 황극, 6 삼덕, 7 계의, 8 서징, 9. 오복 육극의 총 9개 항으로 구성되어 있는데 이는 홍익인간 재세이화를 실현할 수 있는 구체적인 방법론이라고 말할 수 있겠다.

"홍익인간 재세이화"를 81자로 풀어놓은 것이 『천부경』이라면 『천부경』을 다시 9개 항목으로 나누어서 그것이 추구하는 이상과 실행방법론을 구체화시킨 것이 『홍범구주』인 것이다.

따라서 현재 『서경』에는 책명이 『홍범洪範』이라 쓰여져 있지만 원래는 홍익인간의 모범이라는 뜻의 『홍범弘範』이었을 것으로 여겨진다. 이것이 화하족에 의해 한자로 기록되는 과정에서 홍洪자와 홍弘자가 발음과 뜻이 동일하고 또 중국의 한족들은 홍범이 홍익인간에서 왔다는 내막을 모르기 때문에 『홍범洪範』이라 표기한 것으로 여겨진다. 그러나 홍범洪範이나 홍범弘範이 의미는 같지만 홍익인간이 이 글의 주제이기 때문에 홍범弘範이라 표기하는 것이 더 적합한 표현이 될 것이다.

『홍범』은 기자에 의해서 서주의 무왕에게 전달되었고 그것이 『서경』에 실려서 오늘에 전하게 되었다. 기자는 은나라 사람이고 은나라는 동이족 중에 현이玄夷가 세운 나라이며 현이

인 은나라의 뿌리를 거슬러 올라가면 치우 현도씨에 가서 닿는다. 치우천왕은 천부의 신으로서 홍산환국『천부경』81자의 저자이고 홍산환국의『천부경』은 환인의 홍익인간 건국이념에 기원을 두고 있다.

환국의 홍익인간 건국이념을 81자로 부연 설명한 것이『천부경』이고『천부경』81자에 담긴 홍익인간 재세이화의 이상과 구체적인 방법론을 9가지로 체계화한 것이『홍범』이다.

은나라 국사의 지위에 있었던 기자는 이 조상 전래의 홍익인간이라는 인류애를 담은 민족 경전『홍범』을 자기 민족의 독점물로 하지 않고 적국의 지도자 무왕에게 전해주었다. 이것이야말로 홍익인간 정신의 실천이라고 할 것이다.

오늘날 중국은 불과 30년 만에 비약적인 경제성장을 이룩했다. 그러나 현대 중국의 과학기술 발전을 선도한 공로는 한국의 역할을 결코 과소 평가할 수 없다. 마찬가지로 상고시대에 있어서도 화하족을 이끌어온 정신적인 중심철학은 한국인의 조상들이 전해준 동이족의『홍범』사상에 기반을 두고 있었던 것이다.

은나라는 고조선과 같은 동이족으로서 환인, 환웅, 치우, 단군으로 계승된 홍익인간 철학을 구체화하여『홍범구주』를 만들었고 은말 주초 기자가 이를 중국의 화하족에게 전달하여 중국의 사상적 기초가 되었으며 춘추전국시대에 이르러서『홍범』철학이 제자백가의 학문으로 꽃을 활짝 피운 것이다.

유가의『대학』에서 말한 치국평천하의 사상은 다름 아닌『홍범구주』의 이론에서 나온 것이다. 중국의 정치경제 사상의 이론적 원류가『홍범구주』인데 이『홍범구주』는 환인, 환웅, 치우, 단군으로 계승된 "홍익인간 재세이화"의 철학을 토대로 하고 있는 것이다.

『홍범구주』의 사상은 정덕正德, 이용利用, 후생厚生으로 요약된다고 말할 수 있다. 이용, 후생은 경제 논리이고 정덕은 도덕 논리이다. 다시 말하면 도덕과 경제의 균형과 조화의 원리를 담고 있는 것이『홍범』이다. 홍익인간 사상이 강조하는 것이 바로 도덕과 경제의 균형과 조화라는 점에서 홍익인간 정신과『홍범구주』가 추구하는 궁극적 이상은 완전히 동일한 것이라 하겠다.

5) 묵자墨子의 "겸상애兼相愛" "교상리交相利" 사상과 홍익인간 정신

춘추 전국시대는 백가쟁명의 시대이다. 홍익인간 정신을 계승하여 이용 후생과 아울러 정덕을 강조한 은나라의『홍범구주』 사상은 춘추시대에 이르러 묵자에 의해 계승되어 "겸상애" "교상리"로 나타났다.

백가쟁명의 춘추 전국시대에 나타난 제자백가 중에서 사랑과 함께 이익을 강조한 사상가는 묵자가 유일하다. 왜 홍익인간 사상이 묵자에 의해 계승되었는가. 그 원인을 주목할 필요가 있다.

백이 숙제의 나라 고죽국孤竹國은 상나라 왕실의 종족으로서 성은 자子이고 씨는 묵씨墨氏였다. 묵자는 묵씨로서 고죽국의 후손인데 고죽국은 고조선의 뒤를 이어 건국된 동이족의 나라이다.

고죽국이 고조선을 이어 건국되었다는 것은 1,500년 전 남북조시대 유신庾信이 쓴 선비족 모용은의 묘비명에 적혀 있는 "조선건국朝鮮建國 고죽위군孤竹爲君"이라는 여덟 글자가 잘 증명하고 있다.

뿐만 아니라 "고구려가 본래는 고죽국이었다.(高麗本孤竹)"라는 사실이 『구당서』배구전에 실려 있고 일연의 『삼국유사』에도 같은 내용이 인용되어 나온다.

이익과 도덕을 아울러 강조하는 홍익인간 정신은 환국에서 고조선으로 고조선에서 은나라로 은나라에서 다시 고죽국의 묵자로 계승되어 그것이 "서로 사랑하고(兼相愛)" "서로 이롭게 하자(交相利)"라는 사랑과 이익을 아울러 강조하는 사상으로 나타났다고 하겠다.

사랑과 이익의 병행 추구를 핵심으로 하는 묵자 사상은 유가와 아울러 현학顯學으로 일컬어질 정도로 전국시대를 대표하는 사상 중의 하나였다. 특히 귀족주의를 반대하고 평민주의를 지향하는 묵자 사상은 민중의 많은 지지를 받았다. 그런데 한,당 이후 한족이 중원의 주인으로 등장하면서 묵자 사상이 중국의 사상적 중심에서 배제되었다.

이익을 배격하고 도덕을 강조하는 유가 사상은 한무제 이후 국가의 정치이념으로 채택되어 추앙되었지만 이상에 편중되어 현실감각이 결여되었고 또 권력 지향적인 귀족주의여서 서민대중과는 거리가 있었다.

사랑과 이익을 아울러 강조하고 민중 지향적인 묵자 사상은 우리 한국인의 중심철학인 홍익인간 사상을 계승하고 있다는 점에서 그리고 우리가 살고 있는 이 시대가, 생명이 다해가는 자본주의 말기를 맞아 홍익인간주의를 강력히 요구하고 있다는 점에서 앞으로 묵자 사상은 한국에서 또 더 나아가 세계에서 새롭게 재조명되어야 할 것이다.

6) 고구려, 백제, 신라와 홍익인간 정신

고구려, 백제, 신라 삼국시대에 홍익인간 정신은 어떻게 계승되었는가. 백제의 경우는 현재로선 문헌이 부족하여 구체적으로 꼭 집어서 말하기는 어렵다. 그러나 고구려는 광개토태왕비문에 "이도여치以道輿治"라는 기록이 보이는데 이것이 "재세이화"의 정신을 계승한 것이라고 본다.

현대사회에서는 법치를 정치의 최고 이상으로 간주하고 유가에서는 덕치를 최고 이상으로 여긴다. 그러나 우리 한민족은 거기서 한 걸음 더 나아가 이치로 교화하고 도로써 다스리는 "이화"와 "도치"를 이상으로 추구하였다.

고구려의, 법으로 다스리지 않고 도로써 다스리고 권력에 기대어 독재로 다스리지 않고 백성과 더불어 함께 다스린다는 "이도여치"는 환국과 고조선의 "홍익인간 재세이화"의 사상이 고구려에 이어졌음을 살펴볼 수 있는 편린의 하나라고 하겠다.

그리고 고구려에는 조의선인皁衣先人이 있었다. 이들은 불교의 승려나 유교의 유생과는 다른 고구려의 독특한 면모를 보여주었는데 이들이 고구려의 고유한 홍익인간 정신을 실천한 선가 계통의 사람들이 아니었을까 여겨진다.

신라에는 화백和白 제도가 있었다고 전해진다. 전원 합의체를 지향하는 아름다운 화백제도는 신라에서 창안된 것이 아니라 홍익인간 정신을 바탕으로 환국에서 시작되어 그것이 고조선을 거쳐서 신라에 계승된 것으로 생각된다.

최치원의 설명에 따르면 신라에는 그들의 고유한 사상으로 현묘지도玄妙之道가 있었는데 유, 불, 도 삼교를 포함한다고 하였다. 이를 일명 풍류風流도라고도 하는데 풍류도는 풍월도風月道를 가리키는 것으로서 우리말로는 밝달민족의 밝달도이다. 밝(風)달(月)도의 한자 음차 표기가 풍월도인 것이다.

최치원은 신라의 고유한 사상인 현묘지도를 창시한 내용이 『선사仙史』에 상세히 기재되어 있다고 말했는데 『선사』가 어떤 책인지 지금 전하지 않아서 자세한 내용은 알 길이 없지만 선가 계통의 역사책임은 분명하다. 또 신라에는 화랑도가 있었는데 그 최고 지도자를 국선國仙이라 호칭한 것을 본다면 신라는 유가도 불가도 도가도 아닌 선가사상을 최고의 이상으로 추구했음을 짐작할 수 있다.

『삼국사기』에서 김부식이 평양을 가리켜 "선인왕검지택仙人王儉之宅"이라고 하였다. 평양은 선인 단군 왕검이 거주하던 곳이라는 뜻이다. 여기서 우리는 단군왕검을 선인仙人이라 호칭했음을 볼 수 있는데 유가에서는 요순을 성인聖人으로 호칭했던 것과 구별된다. 공자의 유가사상과는 다른 선인을 최고의 경지로 추앙하는 선가사상이 우리민족의 고유사상이었음을 미루어 알 수 있다.

홍익인간 사상이 바로 선가의 핵심사상이며 이 홍익인간 사상이 신라에서 구체적으로 나타난 것이 신라의 세속 5계가 아닌가 여겨진다. 세속오계 중의 하나인 "살생유택"은 홍익인간 정신을 잘 반영하고 있다. 살생하지 않는 것은 도덕이고 이상이다. 그러나 불가피한 경우에 살생을 하되 무자비하게 하지 말고 선택적으로 하라는 살생유택 정신은 바로 이상과 현실의 조화와 균형을 강조하는 홍익인간 정신인 것이다.

화랑도를 대표하는 사람을 국선이라 한 것을 보면 신라의 화랑도는 실상 선가의 무리, 선인의 문도로 여겨지는데 우리의 선비란 말의 어원도 이 국선의 무리 선도仙徒 선배仙輩에서 유래된 것이 아닌가 생각된다. 신라의 화랑은, 선인仙人의 홍익인간 정신을 계승하고 실천하는 사람을 국선國仙이라 표방하여 백성들의 본보기로 추앙한 것이라고 하겠다.

신라의 원효는 『십문화쟁론十門和諍論』을 통해서 화쟁和諍을 주장한 것으로 유명하다. 현재 『십문화쟁론』은 십문중에 유무문, 불성문만 남아 있고 나머지는 유실되었다. 당시 각기 다른 불교의 사상적 쟁론을 융합회통시키기 위해 노력한 원효의 화쟁론은 홍익인간 정신의 발로요 계승이었다고 말할 수 있을 것이다.

7) 고려시대와 홍익인간 정신

고려의 특징은 두 가지를 들수 있다. 하나는 민족자주의식이다. 고려 태조왕건은 대륙에서 웅비한 고구려를 계승한다는 의지를 표명하여 국호를 고려라 하였고 중국의 연호를 쓰지 않고 독자적인 연호를 천수天授라 하였다.

태조왕건의 자주정신은 훈요십조 제 4조의 "우리 나라는 중국과는 지역과 풍토가 다르고 사람의 성격도 같지 않으니 굳이 중국의 풍습을 그대로 따를 필요가 없으며 우리 민족 고유의 문화를 지켜야 한다."라고 강조한 데서 잘 나타나 있다.

발해와 동맹을 맺고 있다가 갑자기 맹약을 위반하고 발해를 멸망시킨 거란이 낙타 50마리와 함께 사신을 보내오자 태조왕건은 거란 사신 30명은 섬으로 귀양을 보내고 낙타는 만부교萬夫橋 다리 밑에 매어놓아 굶어 죽게한 사실은 고려의 자주정신을 보여주는 하나의 좋은 사례라고 하겠다.

고려의 특징을 말해주는 다른 하나는 민족화합 정신이다. 당시에 후백제의 견훤은 신라를 침공하여 금성金城 즉 지금의 경주에 쳐들어가 포석정에서 놀이를 하던 경애왕景哀王을 붙

잡아 스스로 목숨을 끊어 죽게 하고 왕족 김부金傅를 세워 경순왕敬順王으로 삼았다.

그런데 고려 태조 왕건은 신라에 사신을 보내 예를 갖추어 경애왕의 불행한 죽음에 대해 조의를 표하였다. 이로 인해 신라의 경순왕은 신하들과 마의태자의 반대를 무릅쓰고 935년 고려에 투항하였다.

신라가 고려에 귀순하던 그해 견훤이 넷째 아들 금강金剛에게 왕위를 넘겨주려다가 맏아들 신검神劍에 의해 김제 금산사에 유폐되는 신세가 되자 견훤은 금산사를 탈출하여 고려에 투항했는데 왕건은 견훤을 상보尙父로 대우하여 백관의 제일 윗자리에 앉히고 양주楊州를 식읍으로 주었으며 후백제를 멸망시킨 후에는 신검을 포용하여 벼슬을 내렸다. 또 거란에 의해서 멸망한 발해의 유민들이 몰려오자 이들을 받아들여 토지와 집을 주고 정착할 수 있게 도와주었다.

이런 일련의 몇 가지 사건들을 통해서 민족을 사랑으로 껴안은 고려의 민족융화, 민족화합 정신을 발견할 수 있다. 고려국의 사대를 배격한 민족자주의식과 분열을 싫어한 민족화합 정신은 환국에서 고조선, 고조선에서 고구려로 이어진 "홍익인간 재세이화"의 정신을 계승발전시킨 데서 유래된 것이라고 하겠다.

8) 이성계의 한양조선과 홍익인간 정신

고려말 위화도에서 회군한 이성계는 친명외교親明外交, 숭유억불崇儒抑佛, 사전개혁私田改革 등의 새로운 정책을 통해서 집권하는데 성공하였다. 그러나 이성계가 국호를 정하는 과정에서 명나라에 사신을 보내 단군이 세운 나라 이름인 조선과 자신의 탄생지인 영흥永興의 별칭인 화녕和寧 중 어느 하나를 선택해 줄 것을 주원장에게 요청하여 조선으로 낙점을 받은 것을 본다면 이성계가 한반도에 세운 조선은 출발부터 자주의식이 몹시 결여된 사대적인 나라였음을 알 수 있다.

국호를 스스로 결정하지 못하고 명나라의 택일을 요구하는 이성계의 사대주의자로서의 허점을 간파한 주원장은 약점을 이용하여 이핑계 저핑계를 대며 이성계를 조선의 국왕으로서의 최종 승인을 허락하지 않았다.

그리하여 이성계는 명나라에 대해 끝내 조선국왕이라는 왕호를 사용하지 못하고 고려국의 국사를 임시로 담당하고 있다는 권지고려국사權知高麗國事라는 칭호를 쓸 수 밖에 없었으며 뒤에 태종 원년(1401)에 이르러서야 비로소 조선의 국왕으로서 인정받았다.

고려 때는 왕건을 비롯한 초기왕들은 중국의 황제와 똑같이 연호를 썼고 자신을 지칭할 때는 짐朕이라 하였으며 왕의 문서는 칙서, 조서라 하였다. 고려의 광종은 황제라 자칭하고 개성을 황도라 하기도 하였다. 이성계는 한양조선을 건국은 했지만 왕호도 감히 사용하지 못하는 입장으로서 고려와는 너무나 많이 다른 모습을 보여 주었던 것이다.

이때 중국의 눈치를 보느라고 고려 때까지 수천년동안 이어지던 강화도 단군 제천단의 천제天祭를 스스로 폐지했다. 특히 『고조선비사』, 『삼성기』, 『조대기』 등 발해조선의 역사가 담긴 민족의 상고시대 사서를 수거하여 없애버린 것은 우리민족의 천년의 한으로 남아 있다.

한양조선의 이와같은 명나라에 대한 사대주의는 중국의 권위를 빌어 국내에서 왕권을 강화시키는데는 다소 도움이 되었겠지만 국가의 자주의식은 땅에 떨어지는 계기가 되었으며 지배층의 사대주의는 이씨조선 500년 내내 고질병이 되다시피 하였다.

중국의 사상과 제도, 문화를 그대로 답습하여 흉내내기에 바빴던 한양조선은 대동이大東夷의 홍익인간 정신을 버리고 소중화小中華를 자처하며 한족의 핵심가치인 존화양이尊華攘夷를 자랑스럽게 여겼다.

한양조선의 사상계를 풍미한 것은 유학 특히 신유학으로 불리는 성리학이었다. 성리학은 중국 송대에 출현한 새로운 유교철학으로서 불교와 도교를 수용하여, 우주의 근원과 인간의 심성문제를 논구함으로써 윤리중심의 공맹유학을 유가철학으로 발전시킨 학문이다. 송대의 주자에 의해서 완성되었기 때문에 주자학, 또는 송학이라고도 한다.

고려말에 중국에서 전래된 외래사상인 주자학은 한양조선의 개국과 함께 정치의 지도이념이자 사회의 학풍을 형성하여 정신적 지주로서 자리잡게 되었다. 그러나 실천보다 논리에 치우친 사변적인 학문인 성리학은 주리파와 주기파로 나뉘어 대립했고 학파의 첨예한 대립의 폐해는 결국 동서당쟁을 낳는 계기가 되었다.

한양조선의 개국과 함께 지배사상으로 등장한 성리학은 17세기 초기 주자학의 권위에 대한 학문적인 비판과 도전이 나타나게 되었고 윤휴尹鑴, 박세당朴世堂, 최석정崔錫鼎 등이 그러한 흐름을 주도한 대표적인 인물들이다.

17세기 초반으로부터 일부 지식인들 사이에서 일기 시작한 실제를 중시하는 기풍과 주자학의 맹신에 대한 반성적 기운은 때마침 전래되기 시작한 서구문물의 영향을 받아서 그러한 경향이 더욱 확대 심화되었다. 이러한 기풍은 18세기에 이르면서 하나의 새로운 학풍으로 자리잡게 되었는데 이것이 소위 실학實學으로 일컬어지는 학문이다.

그러므로 실학의 성립에는 외래사상에 대한 학문적 반성과 함께 자아의 자각, 자아의 성찰이라는 요소가 함께 내재되어 있었다고 말할 수 있다. 실학에는 자아의 자각과 성찰을 통해서 자주적이고 실제적이며 실용적인 학문을 추구하고 연구한다는 목적이 전제되어 있었던 것이다.

허구한 날 소모적인 당론으로 날을 지새고 또 공리공론에 치우친 외래의 주자 성리학에 대해 염증을 느끼며 자기반성으로 일어난 것이 실학이라고 할 수 있는데 실학은 실사구시實事求是라는 네 글자로 요약된다.

"실사"는 "실리"를, "구시"는 공정과 정의를 가리킨다. 홍익인간에서 "익益"은 실리를, "홍弘"은 더불어 함께 누리는 공정과 정의를 의미하므로 "실사구시" 네 글자는 곧 홍익인간에서 말하는 "홍익" 두 글자에 대한 다른 표현이라고 할 수 있다.

그러므로 한양조선의 성리학에서 실학으로의 회귀는, 외래사상에서 민족 고유사상으로, 존화양이 정신에서 홍익인간 정신으로의 복귀라고 말할 수 있다. 정신적으로 주자학이라는 외래사상의 지배를 받던 한양조선은 실학의 등장과 더불어 다시 민족 고유의 홍익인간 사상으로 돌아왔다고 말할 수 있는 것이다.

한양조선 500년을 통틀어서 홍익인간 정신을 가장 투철하게 이해했던 인물은 율곡 이이다. 율곡은 "시비와 이해가 합의점을 찾고 중용의 상태가 되게 할 것(是非利害 合宜得中)"을 강조하였다.

이해를 따지는 것을 배척하고 고담준론하면서 시시비비만을 논하는 것이 유학이요 성리학인데 율곡이 시배와 이해가 균형과 조화를 이룰 것을 강조한 것은 홍익인간 사상의 핵심과 홍익인간 정신의 정수를 짚어낸 탁견이라고 아니할 수 없다.

율곡에 의해서 제창된 시비와 이해가 합의점을 찾고 중용상태를 유지하는 정신은 바로 홍익인간 철학이 강조하는 핵심사상이고 이러한 정신은 실학자들에 의해서 계승되어 "실사구시"라는 개념으로 정리되었다. 그러므로 율곡을 한국 실학의 아버지라고 말하는 이유가 여기에 있다.

다만 우리는 그동안 외래사상인 주자학에 눈이 가려서 반만년 한민족의 중심철학으로서 한국인의 정신 세계를 지배해온 홍익인간 정신을 잃어버렸고 심지어는 홍익인간이 무엇인지 그 의미조차 제대로 파악하지 못하는 상태가 되었다.

그래서 율곡이 강조한 "시비와 이해가 합의점을 찾고 중용상태를 유지하도록 한다."라는 이 사상이 홍익인간 정신의 진수를 설파한 것이라는 사실과 실학의 "실사구시"가 곧 홍익인간에서의 홍익의 재해석이라는 사실조차 간과하고 있었던 것이다.

9) 동학과 상해 임시정부와 홍익인간 정신

'동학'이란 교조敎祖 최제우가 서교(西敎 : 천주교)의 도래에 대응하여 동쪽 나라인 우리 나라의 도학을 일으킨다는 뜻에서 붙인 이름이며, 1905년에는 손병희孫秉熙에 의하여 천도교天道敎로 개칭되었다.

동학은 그 교지敎旨가 시천주侍天主 신앙에 기초하면서도 보국안민輔國安民과 광제창생廣濟蒼生을 내세운 점에서 민족적이고 사회적인 종교이다.

도탄에 빠진 민생을 두고 볼수 없었던 고부 지방의 동학 접주 전봉준은 "보국안민"이라는 슬로건을 내걸고 일어났다. 이때 전봉준이 거사의 대의를 4개 항으로 선포했는데 그 제1조항이 "사람을 죽이지 말고 재물을 손상시키지 말라"는 것이었다.

전쟁에 나서면서 "사람을 죽이지 말고 재물을 손상시키지 말라"고 선포한 이 정신이 어디서 나왔는가. 바로 우리민족의 중심철학인 홍익인간 정신이 동학으로 이어진 것이 아니겠는

가. 홍익인간의 의미를 제대로 파악하고 보면 동학의 "보국안민"과 "사인여천事人如天"이 다름 아닌 홍익인간 정신을 계승한 것임을 알 수 있는 것이다.

상해 임시정부의 주석 김구가 붓으로 "홍익인간"이라는 네 글자를 쓴 작품이 전해지고 있다. 김구의 정신 속에 우리민족의 중심철학인 홍익인간 정신이 깊이 자리하고 있었다는 반증이라고 본다.

상해 임시정부의 외무부장을 역임했던 조소항은 균권均權, 균산均産, 균학均學으로 표현되는 삼균주의를 제창했다. 한국민족광복운동 내부의 좌·우익 사상을 지양, 종합하여 독립운동의 기본 방향 및 미래 조국 건설의 지침으로 삼기 위하여 정치, 경제, 교육의 균등을 주장한 이론이다. 경제와 도덕의 균형을 강조한 것이 홍익인간 정신이므로 조소항의 삼균주의는 한민족의 건국이념이자 중심철학인 홍익인간 정신의 균형이론을 계승 발전시킨 것이라고 하겠다.

10) 대한민국과 홍익인간 정신

대한민국의 교육기본법은 제2조에 "교육은 홍익인간의 이념 아래 모든 국민으로 하여금 인격을 도야하고 자주적 생활

능력과 민주시민으로서 필요한 자질을 갖추게 함으로써 인간다운 삶을 영위하게 하고 민주국가의 발전과 인류공영의 이상을 실현하는 데에 이바지하게 함을 목적으로 한다."라고 기록되어 있다.

홍익인간은 우리의 첫 국가 환국의 건국이념이고 대한민국은 신생 독립국가와 달리 반만년 동안 면면히 이어져 온 홍익인간 건국 정신을 계승하여 건국된 나라이므로 헌법 전문에 "대한민국은 홍익인간 건국정신을 계승하여 건국된 나라이다."라고 명기하는 것이 마땅하다.

헌법 전문에 3.1운동과 4.19 정신만을 언급하고 홍익인간 정신을 계승한다는 내용이 포함되지 않은 것은 민족혼이 빠진 것으로서 크게 유감스러운 일이 아닐 수 없다.

다만 교육기본법 제2조에 "홍익인간 이념 아래 모든 국민으로 하여금 인격을 도야陶冶하여 인류공영에 이바지하게 함을 목적으로 한다."라고 기록되어, 교육기본법에서나마 홍익인간의 정신이 살아 있는 것은 그나마 다행이라고 하겠다.

김대중 전 대통령은 공개석상에서 "정치는 이해관계니까 줄 것은 주고 받을 것은 받는다."라는 말을 자주하였고 언론에서도 널리 보도되었다. 그러나 정치를 이해관계로만 규정하는 것은 정치의 정도라고 말할 수 없다. 그러면 부정과 불의를 배격하고 공정과 정의를 바로 세워야하는 정치의 본령이 사라지기 때문이다.

김대중 전 대통령은 말년에는 "서생의 소명의식과 상인의 현실감각을 아울러 갖출 것"을 젊은 청년들에게 강조하였다. 상인의 현실감각은 경제를, 서생의 소명의식은 도덕을 가리킨다. 김 전 대통령이 이해를 중심으로 세상을 바라보던 관점에서 기조를 바꾸어 도덕을 추구하는 선비정신과 이익을 추구하는 상인정신을 함께 간직하는 사람이 되라고 미래를 짊어지고 나갈 젊은 청년들에게 요구했던 것이다.

김대중 전 대통령이 강조한 선비의 소명의식과 상인의 현실감각을 겸비하는 것 그것이 바로 홍익인간 정신이다. 김대중 전 대통령이 어려서 다니던 초등학교 교정에는 홍익인간 네 글자가 새겨진 큰 바위가 놓여 있다. 김대중 대통령의 친필이다.

김대중 전 대통령은 고인이 되었고 교정에 놓인 바위는 말이 없다. 그러나 어려서 자신이 뛰놀던 초등학교 교정의 바위에, 김 대통령이 정성들여 친필로 쓴 홍익인간 네 글자는, 홍익인간이 우리민족을 이끌어온 중심철학이자 내일을 짊어지고 나갈 청소년들의 최고의 이상이라고 믿었던 김대중 대통령의 정신이 거기에 반영되어 있다고 하겠다.

4
한국인이여!
잃어버린 민족혼 홍익인간을 되찾아서
밝달민족의 새역사를 다시 써보자

동서를 통틀어서 8천년 전의 자기나라 역사를 문헌과 고고학으로 증명할 수 있는 나라가 이 지구상에서 우리나라를 제외하고 또 어느 나라가 있겠는가. 홍산문화의 주인공인 우리 민족은 세계에서 가장 유구한 역사, 찬란한 문화를 간직한 자랑스러운 민족인 것이다.

이 위대한 역사와 문화를 다시 찾아서 국민화합, 민족통일을 이룩하고 한강의 기적을 넘어 북경 조선하의 기적, 백두산의 영광을 넘어 하북성 갈석산의 영광을 재현하여 밝달민족의 새 역사를 다시 한번 써내려가야 하지 않겠는가.

지금 우리에게는 사대를 강요하는 명나라가 옆에서 간섭하는 것도 아니요 식민 침략의 마수를 뻗쳐 일제가 버티고 있는 것도 아니다. 지금이야말로 사대, 식민사관에 의해 사라진 민족혼을 다시 찾아 일깨워야 할 때가 아니겠는가. 1만년 역사의 무너진 탑을 고쳐 세우고 새 역사를 써나가는 이 일을 우리 한국인이 아니면 그 누가 대신할 수 있을 것인가.

바이칼에서 발해까지 발해에서 한라산까지 광활한 대륙을 누비던 것은 우리민족이 떨치던 웅혼한 기상이었다. 그러나 이성계의 위화도 회군을 계기로 드넓은 초원과 만주벌판을 모두 거란족과 여진족과 한족에게 내어준 채 압록강 이남으로 우리의 활동무대가 좁아지면서 우리의 꿈도 이상도 작고 초라해졌다.

한국인이여! 우리 이제 다시 일어나 꿈을 꾸자. 한강의 기적에 만족하지 말고 일어나서 대륙을 호령하라는 조상의 외침, 민족의 함성에 귀기울여 보자.

울타리 안에서 우리끼리 남북으로 분단되고 좌우로 갈라져 싸우는 못난 짓은 이제 제발 그만 두자. 울타리 밖으로 눈을 돌려 대흥안령, 만주벌판, 발해, 갈석산, 바이칼의 꿈을 향하여 도전하고 전진하자.

발해를 깔고 앉아 대륙을 지배했던 고조선의 영광을, 바이칼을 근거지로 초원을 호령하던 환국의 영광을 향하여 마음을 모으고 힘차게 다시 도약하자. 그 꿈의 실현은 홍익인간의 민족혼의 부활로부터 시작된다는 사실을 우리 모두 가슴에 새기자.

— 2021년 5월 15일 세미나 발표자료

한국의 홍익인간 사상이 동아시아의 사상에 미친 영향

제4장

1
머리에

　동양사상은 유, 불, 도 삼교로 대표된다. 유교와 도교는 중국을 중심으로 발전한 사상이고 불교는 인도에 뿌리를 두고 있다. 동양을 대표하는 사상 가운데 한국사상은 존재하지 않으며 한국사상은 동양사상의 영향을 받아서 태어난 유, 도, 불의 아류라고 보는 것이 지금까지 우리의 일반적인 인식이다.

　그러나 1980년대 이후 발해만 유역 내몽고 적봉시 홍산문화 유적의 발굴을 통해서 동양문명을 대표하는 것은 황하문명이 아니라 발해문명이라는 것이 밝혀졌다. 용봉문화龍鳳文化의 시원이 중원이 아니라 발해유역이고 최초의 건국이 중원에서 이루어진 것이 아니라 만리장성 너머 발해유역에서 이루어진 사실이 고고유물을 통해서 증명이 된 것이다.

　동아시아에서 발해유역의 북쪽 내몽골 홍산에서 역사의 첫 새벽이 열렸다는 것이 고고학적으로 입증되고 있는데 이 발해유역을 문헌적으로 살펴보면 어떤 곳인가. 『산해경』에서 "발해의 모퉁이에 나라가 있으니 그 이름을 조선이라 한다.(北海

之隅 有國 名曰朝鮮)"라고 하였다. 즉 홍산문화가 발굴된 발해 유역은 고조선이 건국되었던 지역인 것이다.

『산해경』은 한나라 때 유향劉向이 황실 도서를 정리하다가 발굴한 책으로서 유향은 이 책을 하夏나라 때 백익伯益의 저술이라고 말하였다. 백익은 하나라 우왕시대 사람이고 하나라는 약 서기전 2100년대에 건국된, 고조선과 거의 동시대에 중원의 화하족이 세운 국가이니 그렇다면 『산해경』은 『서경』의 요전, 순전과 동시대의 작품으로서 서기전 21세기의 저술이 되는 셈이다.

단군조선을 신화로 치부하며 고조선 역사의 말살에 앞장섰던 일본의 식민사학은 『산해경』의 사료적 가치를 부정했다. 『산해경』을 인정하면 반만년 전 발해유역을 지배한 고조선의 찬란한 역사를 인정하는 꼴이 되기 때문이다.

광복 후에 일본의 식민사학을 불식하지 못한 한국의 강단사학은 한사군 한반도설, 대동강 낙랑설 등을 그대로 추종하며 "발해의 모퉁이에 고조선이 있었다."라는 『산해경』의 발해조선 기록을 허황된 논리로 매도하거나 아니면 아예 부인하고 언급하지 않는 자세를 취했다.

그러나 1980년대에 청나라 건륭황제가 중국의 사료를 8만권으로 집대성한, 사료의 보고인 문연각 『사고전서』가 대만

상무인서관에서 영인되어 나오고 또 그 뒤 그것이 전자판으로 만들어져 학계에 널리 보급됨으로써 그동안 자료의 빈곤에 허덕이던 한국사의 고조선 연구가 새로운 전기를 맞게 되었다.

『사고전서』의 보급을 통해서 발해유역에 고조선이 있었다는 『산해경』의 기록이 허위가 아니라 진실이란 것을 여러 기록들이 뒷받침 하게 된 것이다. 예컨대 1,500년전 남북조시대 대표적인 문인이었던 유신이 쓴 선비족 모용은의 묘비명에는 맨 먼저 "조선건국"이라 언급한 네 글자가 나온다. 이는 선비족이 발해유역 지금의 북경시 부근에서 삼국시대에 모용선비의 연나라를 건국하기 앞서 최초로 조선이 거기서 건국된 사실을 증명한 것이다.

1,000여년 전 북송 때 국가에서 편찬한 『무경총요』에는 "북경시 북쪽에 조선하가 있었다."는 기록이 보이고 송대 4대 사서 중의 하나인 『태평환우기』에는 "하북성 진황도시 노룡현에 조선성이 있다."라는 기록이 실려 있다. 발해유역 북경시 부근에 조선이라는 나라가 존재하지 않았다면 왜 거기에 조선이라는 이름을 가진 강이 있고 또 송나라 때까지 조선성 유적이 존재했겠는가.

선비족 모용은 묘비명의 "조선건국", 『무경총요』의 북경 북쪽 "조선하", 『태평환우기』의 하북성 노룡현 "조선성"은 "발해의 모퉁이에 조선이라는 나라가 있었다."라는 『산해경』의 기록이 허위가 아니라 진실임을 입증해주는 매우 확실한 증거가 된다고 하겠다.

동아시아 역사의 새벽이 열린, 동아시아 문명의 서광인 홍산문화는 발해유역에서 활동하던 고조선의 선조들이 창조한 문화, 특히 치우 환웅시대 환국의 치우세력들이 창조한 문화라고 하는 것이 문헌학과 고고학을 통해서 모두 증명이 된다는 것은 부인할 수 없는 사실이다.

동아시아의 역사가 중원의 황하에서 시작된 것이 아니라 동북방 발해유역의 고조선의 선민들에 의해 출발되었다면 동아시아의 사상도 그 발상지가 중원이 아니라 홍산문화가 발굴된 발해유역이라고 말해야 옳지 않겠는가.

우리는 이제 발상의 대전환이 필요하다. 한국사상이 중국사상의 아류라는 기존의 선입관에서 벗어나 한국사상이 동양사상의 원류라는 새로운 인식을 가져야 하고 이러한 인식을 확대 보편화시키기 위해서는 그것을 객관적으로 입증할 수 있는 체계적인 연구와 이론의 정립이 필요한 것이다.

본 발표는 그런 차원에서 한국 민족의 홍익인간 사상이 동양의 유, 도, 불 삼교 사상에 어떤 영향을 미쳤는가를 살펴봄으로써 한국사상을 중국사상의 아류라고 생각해온 기존의 고정

관념을 깨는 데 일조하고자 한다.

다만 본 연구가 발표 일정에 맞추느라 짧은 기간에 이루어졌고 또 이런 유의 연구가 지금 시작 단계에 있는 만큼 앞으로 부족한 점을 시간을 두고 보완해나가려고 한다. 강호 제현의 질정叱正을 바란다. 아울러 이런 방향의 연구를 활성화시키는 데 견인차 역할을 하게 되기를 기대한다.

2
유가의 인仁, 중용사상과 홍익인간

1) 공자가 강조한 인仁

공자가 태어난 춘추시대는 각국의 지도자들이 부국강병을 추구하던 시대이다. 그런데 공자는 시류를 따르지 않고 주유천하를 하면서 일생동안 인의 가치를 사람들에게 알리고 이를 세상에 구현하고자 노력했다. 이 인은 공자가 창안한 것인가. 아니다. 공자 이전부터 이미 있어온 덕목을 공자가 들고 나와 시대정신으로 강조한 것일 뿐이다. 그렇다면 공자가 강조한 인의 이론적 뿌리는 어디인가.

2) 공자의 인 사상은 어디에서 기원했는가

인이란 무엇인가. 주자는 "인이란 마음의 덕이요 사랑하는 이치이다.(仁者 心之德 愛之理)"라고 말했다. 주자의 설명은 항상 그렇듯이 인에 대한 해석도 너무 사변적이다. 이론적으로는 그럴 듯 하지만 현실성이 떨어진다.

일본의 어느 학자는 인을 종합미덕이라고 풀이했다. 인은 단순히 사소한 하나의 미덕이 아니라 다른 여러 가지 미덕의 바탕이 되어 많은 미덕을 포괄하고 있다는 점에서 종합미덕이라고 풀이했을 것이다.

그러나 공자의 인이 무엇인지를 가장 현실감 있고 가장 명료하게 전달해주는 것은 홍익인간 네 글자가 아닌가 한다. 어질 인仁 자는 사람 인人 변에 두 이二 자로 구성되어 있다. 여기서 사람인 자는 인간을, 두이 자는 복수를 나타낸다는 것이 가장 일반적인 해석이다.

인간이 더불어 함께 살아가는 사회에서 가장 중요한 것은 무엇인가. 이익을 혼자서 독차지 하지 않고 함께 나누는 공생, 공존, 공영의 정신이 아니겠는가. 그러므로 "널리 인간을 이롭게 한다."는 홍익인간은 공자가 강조한 인의 개념이다. 즉 인은 홍익인간 정신을 인이라는 한 글자로 표현한 것으로서 홍익인가에 사상적 연원을 두고 있다고 말할 수 있는 것이다.

3) 동양에서 최초로 중中을 직접 언급한 요임금

『논어』의 맨 마지막 장인 제20장은 요왈장堯曰章이다. 요,

순 2제와 하, 은, 주 3왕 그리고 공자의 말씀이 기록되어 있다. 그런데 여기에 다음과 같은 내용이 나온다. "아! 순아! 하늘이 안배한 제왕의 차례가 너의 몸에 있으니 진실로 그 중中을 지키라.(咨爾舜 天之歷數 在爾躬 允執其中)"

이것은 요임금이 순임금에게 제위帝位를 선양하면서 당부한 말씀이라고 한다. 천하를 후계자에게 넘겨주면서 단순히 자리만 넘겨주지 않고 천하를 다스리는 방법론을 "윤집기중允執其中"네 글자로 요약하여 전달해 준 것이다.

『논어』요왈장에 나오는 요임금이 말한 "윤집기중允執其中"의 중은 동양의 문헌상에 등장하는 최초의 중이자 또한 동양에서 최초로 중의 가치와 의미에 대해서 직접적으로 언급한 내용이기도 하다.

"진실로 그 중을 지키라.(允執其中)"는 이 말은 그 이후 수천 년동안 동양 정치사상의 핵심적인 요소로 작용해 왔다. 청나라 건륭황제가 자신의 집무실에 "윤집궐중允執厥中"이라는 자신이 직접 쓴 편액을 걸어놓고 항상 바라보며 좌우명으로 삼았던 것은 그러한 사실을 반증하는 좋은 사례이다.

명나라 때 유학자 방효유方孝儒는 「이제夷齊」라는 제목으로 쓴 글에서 "성인의 도는 중일 따름이다. 요, 순, 우, 세분 성인이 만세의 모범이 되었는데 그 원동력은 하나의 중이었다.(聖

人之道 中而已矣 堯舜禹三聖人 爲万世法 一中也)"라고 말했다. 이는 공맹유학 이전 요순시대의 원유학에서 중이 이미 핵심적인 가치로 인식되었음을 잘 보여준다고 하겠다.

4) 순임금은 중을 실천하는 방법론을 제시하였다.

『서경』은 유가 오경 중의 하나다. 이 책의 대우모大禹謨 가운데 순임금이 우임금에게 천하를 전하면서 당부한 말씀이 서술되어 있다. "인심은 위태롭고 도심은 미미하니 정밀하고 한결같아야만 진실로 그 중을 지킬 수 있다.(人心惟危 道心惟微 惟精惟一 允執厥中)"라는 것이 그것이다.

이는 요임금이 순임금에게 제위를 전하면서 당부했던 "윤집기중"이란 네 글자에 새로 12자를 더 추가한 것인데, 어떻게 하면 중을 지킬수 있는가 즉 중을 지키는 구체적인 방법론에 대한 설명이라고 할 수 있다.

인간의 육체에서 생겨나는 식색의 욕구인 인심人心은 그 자체가 악은 아니지만 악으로 전락할 위험적인 요소를 항상 내포하고 있고 양심에서 우러나오는 공정과 사랑의 도심道心은 하늘의 태양처럼 누구나 간직하고는 있지만 육체 안의 깊숙한 곳에 자리하여 밖으로 밝게 드러나기가 어렵다. 그러므로 인심과 도심, 육체적 욕구와 도덕적 양심 이 양자를 정밀하게 관찰하고 균형과 조화의 상태를 한결같이 유지해야만 중을 지킬 수 있다고 말한 것이다.

인간에게 있어 중의 가치를 최초로 일깨운 요임금은 북적北狄의 사람이라고 『태평환우기』에 기록되어 있고 중을 실천하는 방법론을 최초로 제시한 순임금은 동이東夷의 인물이라고 맹자가 말하였다. 요와 순은 상고시대 동북방에 거주했던 동이족의 지도자들이다.

5) 공자가 창조한 중용과 시중

(1) 공자의 중용

『논어』 옹야편에는 다음과 같은 기록이 보인다. "중용의 도덕은 정말 위대하다. 백성들이 이를 결여한지가 오래되었다. (中庸之爲德也 其至矣乎 民鮮久矣)" 이것이 바로 중용이란 용어의 출전이다. 그러니까 공자가 최초로 가운데 중中 자에 용庸 자를 추가하여 중용이란 용어를 창조했다고 말할 수 있다.

공자가 말하는 중용은 무엇을 가리키는 것인가. 『중용』 4장에 공자의 말이 다음과 같이 기록되어 있다. "중용의 도가 실행되지 않는 원인을 나는 알고 있다. 지혜로운 사람은 지나치고 어리석은 사람은 미치지 못하기 때문이다. 중용의 도가 밝혀지지 않는 원인을 나는 알고 있다. 어진 사람은 지나치고 불초한 사람은 미치지 못하기 때문이다.(道之不行也 我知之矣 知者過之 愚者不及也 道之不明也 我知之矣 賢者過之 不肖者不及也)"

여기서 우리는 지나치지도 않고 부족하지도 않는 과와 불급이 없는 것이 공자가 말하는 중용이라는 것을 짐작할 수 있다. 공자가 말한 중용은 과, 불급이 없는 것을 가리키고 요순이 말한 중용은 인심과 도심의 균형과 조화를 말한다. 인심과 도심의 합의와 득중得中을 추구하는 것이 요순의 중이고 매사에서 과와 불급이 없는 것을 추구하는 것이 공자의 중용이다.

커피를 마실 때 설탕을 지나치게 많이 넣으면 맛이 너무 달고 너무 적게 넣으면 맛이 쓰다. 적당하게 넣는 것이 커피를 마실 때의 중용이다. 음식을 만들 때 소금을 과다하게 넣으면 짜고 부족하게 넣으면 싱겁다. 적당하게 넣어야만 음식의 제맛이 난다.

공자가 말한 중용의 용자에 대하여 다양한 해석이 존재한다. 하안何晏의 『논어집해』에서는 "용은 상이다.(庸常也)"라고 해석하였고 주희는 "용은 평상이다.(庸平常也)"라고 하였다 하안의 상常 자에 평平 자를 추가하였다. 일상적으로 행하는 평범한 진리라는 뜻이다.

정호程顥 정이程頤는 "바뀌지 않는 것을 용이라 한다.(不易之謂庸)" "용이란 것은 천하의 정한 이치이다.(庸者天下之定理)"라고 하였다. 중용의 용자에 대한 이들의 해석은 일상의 평범한 진리, 영원히 변치 않는 고정된 진라는 뜻으로 이해된다.

나는 공자의 중용은 쓸 용用 자의 의미를 지니고 있다고 본다. 즉 공자의 중용은 일상 생활 속에서의 중의 활용과 적용을 강조한 것이다. 그러나 우리는 매일 먹는 세끼 밥도 과하지도 부족하지도 않게 적중하게 먹는다는 것이 얼마나 어려운 일인가를 체험을 통해서 잘 안다. 그런데 매사에서 중용을 지키고자 한다면 그것이 얼마나 어려운 일이겠는가. 그러므로 공자는 사람이 중용을 지킨다는 것의 어려움을 다음과 같이 토로했다.

"천하 국가를 골고루 잘 다스릴 수 있고 관작과 봉록을 사양할 수 있으며 칼날을 밟고 걸어갈 수 있지만 중용만은 불가능하다.(天下國家可均也 爵禄可辞也 白刃可蹈也 中庸不可能也)"
〈『중용』 제9장〉

인간이 일상생활에서 과, 불급이 없는 중용의 도를 실천에 옮기는 것은 공자 자신이 말했듯이 도저히 실현 불가능한 지나치게 이상주의적인 것일 수도 있다.

그러나 우리는 공자가 중을 새로운 차원으로 승화시키고 생활 속의 중용으로 발전시키고자 노력한 점을 높이 평가하지 않을 수 없다. 즉 중을 정치지도자의 중에서 일반인 생활 속의 중용으로, 특수계층의 중에서 평범한 서민대중의 중용으로 발전시킨 것은 공자가 동양사상계에 가져다준 위대한 공로인 것이다.

(2) 공자의 시중時中

공자는 중용이란 말과 함께 또한 '시중'이라는 새로운 단어를 창안하여 사용하였다. 시중이란 무엇인가. 가운데 중中 자에 때 시時 자를 추가한 것인데 여기서 시란 시대, 시간의 의미를 내포하고 있다.

시간은 끝없이 변화한다. 변화하는 시간 속에서 수시로 변화하지 못하고 그대로 정체해 있어서는 안되며 시간이 변하면 변화된 시간에 맞는 적중한 대응이 필요하다. 그러나 어떤 원칙과 기준이 없이 무작정 변화한다면 그것은 또 변화가 아니라 변절이나 변질이 되기 쉽다. 그러면 어떻게 해야 할 것인가. 과, 불급이 없는 중용의 원칙을 시간의 변화에 따라 적절히 변용하는 것이 '시중'이다.

'시중'이란 말은 최초로 『주역』 몽괘蒙卦 단전彖傳에 "몽이 형통한 것은 형통한 도로써 행하기 때문이니 시중이다.(蒙亨

以亨行 時中也)"라고 나온다. 단전은 『주역』의 주석서인 십익 十翼 중의 하나인데 공자가 지은 것으로 알려져 있다.

'시중'에는 두 가지 의미가 있다고 본다. 하나는 시의時宜에 부합하는 것이고 다른 하나는 수시로 변통하는 것이다. 똑같은 언행이지만 시간과 공간이 변화함에 따라서 완전히 다른 결과를 발생시킨다. 그러므로 인간의 언어나 행위가 아름다운 실제 효과를 획득하기 위해서는 시의에 부합하고 수시로 변통하는 이 두 가지 원칙을 준수하는 것이 매우 중요하다.

웃어야할 때 웃고 말해야할 때 말하고 울어야할 때 울고 분노해야할 때는 분노하는 것이 시중이다. 말해야할 때 말하지 않는 것은 시중이 아니고 말하지 않아야할 때 말하는 것도 시중이 아니다. 우리가 일상속에서 울고 웃고 말하고 행동하는 가운데 모두 다 적절한 시중이 있다.

요순의 중은 정치지도자의 개념으로 제시된 것이라면 공자의 중용과 시중은 일상 생활 속에서 일반인이 중을 어떻게 실천하여 생활화할 수 있는가를 제시한 것으로서 요순의 중사상은 공자에 이르러 중용과 시중으로 천명되면서 방법론상에서 크게 진전되었다고 말할 수 있다.

맹자는 "중을 지키되 변통할 줄 모르면 하나의 극단을 지키는 것과 마찬가지이다.(執中無權, 猶執一也)"라고 말하였는데 이것도 또한 공자가 말한 시중의 중요성을 계승 발전시킨 논리라고 하겠다.

요순의 중사상은 공맹유학에 이르러 중용과 시중사상으로 발전하였으며 그것은 공자의 손자 자사子思를 통해서 다시 중화中和라는 새로운 개념으로 탄생하게 되었다.

"희로애락이 발현되지 않은 상태를 중이라 하고 발현되어 절도에 부합하는 것을 화라고 한다. 중은 모든 사람이 소유한 본성이고 화는 모든 사람이 따라야할 원칙이다. 중화의 경지에 도달하면 하늘과 땅이 제자리에 있고 만물은 생장발육하게 된다.(喜怒哀樂之未發 謂之中 發而皆中節 謂之和 中也者 天下之大本也 和也者 天下之達道也 致中和 天地位焉 萬物育焉)"〈『중용』제1장〉

자사가 제창한 중화는 통치의 근본원리와 인간의 공통된 도덕으로서의 중화라는 새로운 논리를 전개한 것이라고 하겠다.

6) 한국의 홍익인간 사상이 유가사상에 미친 영향

인과 중용사상은 유가의 중심사상인 동시에 동양사회의 도덕적 표준이 된다. 동양사회 도덕의 규범으로서 수천년 동안 동아시아의 정신세계를 이끌어 왔다.

유가의 중용은 중간과는 다르다. 우리가 자동차를 운전할 때 150킬로미터로 달리면 과속 운행이고 50킬로미터로 달리면 저속 운행이며 100킬로미터로 달리면 중간으로 달리는 것이다.

바쁠 때나 한가할 때나 항상 100킬로미터로 주행하는 사람은 중간으로 달리는 것이고 중용이 아니다. 중용이란 바쁠 때는 110킬로미터 이상 고속으로 달리기도 하고 한가할 때는 100킬로미터 이하 저속으로 달리기도 하면서 수시로 변통하여 시의에 적절히 운행하는 것이 자동차를 운전할 때의 중용이요 시중이다.

유가에서는 왜 중간이 아닌 중용을 지향하는가. 양극단은 물론 배제해야 하지만 변화할줄 모르는 중간은 또 하나의 극단을 형성하게 된다. 그래서 유가에서는 양극단은 물론 중간도 배격하고 중용의 실천을 강조하는 것이다.

동양의 중용과 시중의 개념은 서구에는 없는 동양적 최고의 가치라고 말할 수 있다. 이 동아시아 최고의 정신적 가치인 인과 중용사상의 원류는 어디인가. 나는 그 뿌리가 홍익인간 사상이라고 믿는다. 다시 말하면 홍익인간 사상에서 유가의 인과 중용사상이 흘러나왔다고 보는 것이다.

널리 인간을 이롭게 하라고 강조하는 홍익인간 사상은 한마디로 말하면 인류의 공존 공영을 지향한다. 가족과 민족과 국가를 넘어 인류의 공존 공영을 추구하는 홍익인간 정신을 한 글자로 표현한 것이 어질 인仁 자라면, 육체와 양심, 인심과 도심을 아울러 소유한 인간이 이 양자의 균형과 조화를 추구하는 홍익인간 사상을 한 글자로 표기한 것이 가운데 중中 자라고 여긴다.

공자가 춘추시대에 태어나서 인을 강조하기 이전에 인은 이미 있었고 요순이 정치이념으로 중을 말하기 이전에 중의 정신은 이미 있었다. 그러면 그 인과 중 사상의 발원지는 어디인가.

동아시아 역사의 새벽은 중원의 농경지대가 아닌 만리장성 너머 동북방 유목지대에서 열렸다. 그것은 내몽골 적봉시의 5,500년 전 건국을 상징하는 홍산문화 유적이 그것을 잘 증명한다.

발해의 모퉁이에 4,000년 전 고조선이라는 나라가 있었다는 기록이 『산해경』에 실려 있는데 홍산문화가 발굴된 지역이 바로 『산해경』에서 고조선이 있었다고 말한 그 발해유역이다. 그렇다면 홍산문화는 고조선에 선행한 환국의 문화로 보여지는데 이 환국을 건국할 때 환인 환웅의 건국이념이 홍익인간이었다.

육체와 양심을 가진 인간이 이익과 도덕 어느 한쪽에 편중되지 말고 이 양자의 균형과 조화를 추구하라고 가르친 것이 널리 인간을 이롭게 하라는 홍익인간 사상의 핵심이다.
　이 환국의 건국이념인 균형과 조화를 강조하는 홍익인간 이념이 요순에 전해져서 인심과 도심의 중을 강조하는 중사상으로 발전하였고 이것이 다시 공맹 유학에 의해서 중용과 시중, 중화사상으로 발전했다고 보이는 것이다.
　물론 홍익인간 네 글자에는 가운데 중 자나 어질 인 자는 포함되어 있지 않다. 그러나 홍익인간의 정신을 한 글자로 표현한다면 그것이 인이요 중이라고 말할 수 있다.
　이 홍익인간 이념을 부연한 것이 요임금의 "윤집기중"이요 순임금의 인심유위人心惟危 도심유미道心惟微 유정유일惟精惟一 윤집궐중允執厥中"이며 이 홍익인간 정신을 시대에 맞게 재해석한 것이 공자의 인이요 중용이며 시중이라고 하겠다.

3
도가의 현지우현玄之又玄 사상과 홍익인간

1) 중국의 도가 도교와 선도의 발상지 환국 고조선

중국의 근대 사학자 양계초梁啓超는 도교를 현리파玄理派, 단정파丹鼎派, 점험파占驗派, 부록파符籙派 4파로 나누어 설명하였다. 그러면 중국에 도가의 씨앗을 뿌린 도가의 원조는 누구인가. 광성자廣成子라는 선인仙人이다.

광성자는 공동산崆峒山의 동굴에서 선도를 수행하던 선인이었다. 광성자 선인이 화하족의 시조인 황제헌원에게 선도를 전해주어 이것이 중국의 황노사상黃老思想, 도가사상이 되었고 다시 도교로 발전한 것이다. 황제가 광성자를 찾아가 선도를 배운 사실을 다음의 기록을 통해서 확인할 수 있다.

"황제는 광성자가 공동산의 산상에 있다는 소식을 들었다. 그래서 가서 찾아뵙고 지극한 도로써 문의하였다.(黃帝聞廣成子 在空同之上 故往見之, 問以至道之要)"〈『장자』 외편外篇 재유在宥〉

"광성자는 상고시대의 선인이다. 공동산의 석실에서 거주하였다. 황제가 그 소식을 듣고 가서 찾아뵈었다.(廣成子者 古之 仙人也 居崆峒之山 石室之中 黃帝聞而造焉)"〈진 갈홍晉葛洪『신선전神仙傳』광성자廣成子〉

『신선전』에 의거하면 헌원이 찾아 와서 치국의 도와 양생의 술을 물으니 광성자가 황제에게『자연경自然經』1권을 전해주었다고 한다. 중국의 도가는 황제가 창안 것이 아니라 광성자라는 인물로부터 수업을 통해 전수받았다는 이야기가 된다. 그렇다면 황제의 은사이자 중국 도교의 원조인 광성자는 누구인가.

광성자 선인이 선도를 수행했다는 공동산은『사기史記』조세가趙世家,『성씨고姓氏考』등에는 상나라의 시조 설契의 후손을 공동에 분봉하여 공동산의 유래가 되었다고 하였다. 공동은 공동崆峒 공동空同 공동空桐 등으로 문헌상에 다양하게 나타나는데 실은 같은 산에 대한 다른 표기일 뿐이다.

하夏나라 때는 이 공동산 일대 지역이 북방의 유목민족인 훈육과 융적이 거주하던 곳이었다. 경내의 농산을 중심으로 하여 동쪽에서는 훈육이 서쪽에서는 곤이昆夷가 생활하였다. 상나라시대에는 밀密, 원阮, 공共과 같은 동이족 국가들이 살고 있었고 서주시대에는 험윤獫狁의 땅이었다.

광성자가 수도했다는 공동산의 위치로 볼 때 광성자는 중원의 화하족이 아니라 흉노족의 조상인 훈육족이었으며 그래서 황제헌원이 공동산으로 광성자를 찾아가서 선인의 선도를 사사받은 것이라고 하겠다.

광성자는 사실 고조선의 단군왕검 선인과 같은 계통의 선인이 아니었을까 여겨진다. 만일 최치원이 말한 신선의 역사를 기록한 『선사仙史』가 오늘날에 남아 있었다면 거기에 광성자 선인의 이름도 당연히 기록되어 있었을 것이라 믿는다.

그러면 황제헌원의 스승인 광성자가 동양의 선도를 창시한 최초의 선인인가. 한나라 때 유향의 『열선전列仙傳』에 말하기를 "적송자는 신농시대의 우사이다.(赤松子者 神農時雨師也)"라고 하였다. 이 기록에 따르면 광성자 이전 신농씨시대에 적송자라는 선인이 있었다. 적송자는 신농시대 우사雨師였다고 하는데 우사는 바로 『삼국유사』의 환웅설화에 나오는 풍백, 운사, 우사의 그 우사라는 점에서 우리의 주목을 끈다.

적송자에 대한 최초의 문헌 기록은 『회남자淮南子』 제속편齊俗篇에서 만나볼 수 있다. 회남자 유안은 적송자에 대해서 다음과 같이 말하였다. "옛것을 토하고 새것을 받아들이며 형체를 떠나고 지혜를 버리며 근본을 안고 참으로 회귀해서 현묘의 경지에 노닐고 위로 하늘과 통한다.(吐故納新 遺形去智 抱素反真 以游玄眇 上通雲天)"

『회남자』의 이 대목에 대한 동한시대 학자 고유高誘의 주석을 살펴보면 "적송자는 상곡인이다.(赤松子 上谷人也)"라고 하였다.

상곡은 어디인가. 상고시대 고조선의 서쪽 강역이었다. 전국시대 연나라 소왕시대에 간첩 진개秦開가 고조선의 군사기밀을 몰래 빼내다가 고조선을 기습 침공하여 고조선의 영역에 연의 오군인 상곡군, 어양군, 우북평군, 요서군, 요동군을 설치하기 이전까지 상곡군은 고조선의 땅이었다. 그러한 내용은 『사기』 흉노열전을 통해서 사실의 확인이 가능하다.

환웅의 환국시대에 풍백, 운사, 우사 중의 우사가 바로 적송자 선인이라고 단정적으로 말하는 것은 속단이다. 그러나 첫째, 환인 환웅, 단군시대는 모두 선인이 세상을 다스린 시대인데 적송자가 상고시대 선인이었고 둘째 그가 우사의 직위에 있었으며 셋째 그가 본래 고조선과 환국의 영역인 상곡군 사람이었다는 『회남자』 고유의 주석을 미루어 본다면 적송자가 곧 환국의 선인이었다고 말할 수 있는 근거는 충분히 된다고 하겠다.

적송자 선인이 신농시대에 우사였는데 적송자는 상곡군 사람이었고, 광성자가 황제헌원에게 선도를 전해주었는데 광성자는 훈육, 북적의 사람이었다고 한다면 적송자나 광성자는 모두 중원의 농경민족이 아니라 동북방의 동이민족이었다.

특히 동아시아 문헌상에 나타나는 최초의 선인인 적송자가 상곡군 사람이었고 또 그가 『삼국유사』에 보이는 풍백, 운사, 우사 중의 하나인 우사 벼슬을 하였던 점을 상기한다면 선도의 발상지는 환웅의 환국이었다는 논리의 성립이 가능한 것이다.

2) 도가의 무위자연과 현묘지도

춘추전국시대에 중국에 제자백가가 출현했는데 제자백가의 원류가 도가이다. 제자백가가 여러 학파로 분가를 하기 이전에 제자백가 중에서 최초로 쓰여진 책이 노자의 『도덕경』이다. 그러므로 중국사상의 원류는 도가사상이라고 말할 수 있다.

노자의 『도덕경』은 중국 역사상 최고의 명저이다. 철학, 정치, 과학, 종교 등 동양문화 전반에 걸쳐서 지대한 영향을 끼쳤다. 세계적으로 『성경』 이외에 외국어로 번역되어 가장 많이 보급된 책이 노자의 『도덕경』이라고 하는 것을 보면 『도덕경』이 인류역사상에 끼친 영향력이 얼마나 큰 것인가 하는 것을 잘 말해준다고 하겠다.

그래서 영국 생물학자 조셉 니덤은 "중국에 만일 도가사상이 없었다면 중국은 마치 뿌리 썩은 한그루의 커다란 고목이나 마찬가지다."라고 하였고 독일의 철학자 니체는 "『도덕경』은 고갈되지 않는 샘물과 같아서 진귀한 보물을 가득담고 있다."라고 하였다.

중국의 노신은 "노자를 읽지 않으면 중국문화를 알 수 없고 인생의 진리를 알지못한다."라고 하였고 임어당은 "노자의 말은 보석과 같아서 장식하지 않아도 그 자체로서 빛이 난다."라고 말하였던 것이다.

공자도 도덕을 강조했고 노자도 도덕을 강조했다. 그러나 공자가 말한 도덕과 노자가 말한 도덕은 관점과 지향점이 다르다. 공자가 말하는 인, 중용, 시중은 인간의 인위적 규범의 영역에 속하는 것이고 노자가 말한 도덕은 대자연의 무위적 질서의 영역에 속하는 것이다. 노자는 인간이 인위적으로 만든 사회적 도덕은 하덕下德에 속하고 무위 자연이야말로 진정한 도덕, 최상의 도덕이라고 여겼던 것이다.

그래서 노자는 다음과 같이 주장한다. "사람은 땅을 본받고 땅은 하늘을 본받고 하늘은 도를 본받고 도는 자연을 본받는다.(人法地 地法天 天法道 道法自然)" 사람과 땅과 하늘과 도가 본받아야할 최상위 개념으로서 노자는 자연을 상정하고 있는 것이다.

도가에서 무위자연을 최고의 이상으로 추구한다는 것은 누구나 다 아는 일반적인 상식이다. 그러나 도가의 핵심사상에 대해 일반인이 놓치고 있는 것이 있다. 그것이 바로 도가의 현玄이다.

유가의 핵심사상은 중용이요 불가의 핵심사상은 자비인데 반해 도가의 핵심사상을 한마디로 말한다면 현玄이다. 도가의 핵심사상이 현이라는 것을 무엇으로 증명할 수 있는가. 노자『도덕경』은 제1장에서 현묘지도를 다음과 같이 설명하고 있다.

"말로 표현할수 있는 도는 영원한 도가 아니고 이름 붙일 수 있는 이름은 영원한 이름이 아니다. 무는 우주 만물의 시원이고 유는 우주만물의 어머니이다. 그러므로 무를 통해서 도의 오묘함을 관찰하고 유를 통해서 도의 단서를 관찰한다. 무와 유 이 두 가지는 내원은 같지만 명칭은 서로 다르다. 모두 현이라고 말할수 있다. 현묘하고 또 현묘하여 모든 현묘함의 문이다.(道可道 非常道 名可名 非常名 無名天地之始 有名萬物之母 故常無 欲以觀其妙 常有 欲以觀其纖 此兩者 同出而異名 同謂之玄 玄之又玄 衆妙之門)"

노자는 유와 무를 통해서 도의 시원과 현상을 설명하고 다시 유와 무라는 이름으로 표현되는 도를 현묘玄妙라는 두 글자로 요약했다. 도가 무엇인지를 설명하면서 결론적으로 현묘를 언급한 것을 본다면 노자가 말하는 도의 세계는 현묘라는 두 글자로 귀결된다는 것을 알 수 있다. 노자가 말하는 도는 불가에서 말하는 자비의 도나 유가에서 말하는 중용의 도가 아니라 현묘지도인 것이다.

노자 사상의 근본이 현에 바탕을 두고 있기 때문에『도덕경』가운데서 우주와 인생의 중요한 대목을 설명할 때마다 현이 여러 가지 다양한 표현으로 등장한다. 예컨대 현빈玄牝, 현덕玄德, 현통玄通, 현동玄同 등이 그것이다.

『도덕경』제6장에 나오는 "골짜기의 신은 죽지 않는다. 이를 현빈이라고 한다.(谷神不死 是謂玄牝)"에서의 "현빈"은 글자 그대로 번역하면 검은 암컷이 되고, 뜻으로 의역하면 우주의 어머니이다. 이는 현묘한 도를 영원히 죽지 않는 우주만물의 어머니에 비유하여 말한 것이다.

현덕玄德은『도덕경』에 3차에 걸쳐서 나오는데 "덕이 있으면서도 있는체 하지 않는 것을 현덕이라 한다."라고 하였다. (生而不有 爲而不恃 長而不宰 是謂玄德)"

노자는 또 이 풍진 세상과 함께하면서 고요한 가운데 도와 하나되는 것을 현동이라는 말로 표현하였다.(和其光 同其塵 是謂玄同)

다음의 현동을 강조한 장자의 말을 되새겨보면 현이야말로 노장사상의 핵심사상이라는 것을 실감할 수 있다. "증참曾參 사추史鰌의 행위를 제거하고 양주 묵적의 입을 틀어막고 인의를 내버려야지만 천하의 도덕이 비로소 현동에 이르게 될 것이다.(削曾史之行, 鉗楊墨之口, 攘棄仁義, 天下之德, 始玄同矣)"〈『장자』거협胠篋〉

현은 하늘을 가리키는 다른 표현이므로 노자는 미묘하게 하늘과 서로 통하는 것을 현통이라 말하기도 하였다.(微妙玄通)

『서경』순전에도 현덕이란 말이 나온다. "현덕이 위에 알려져서 제왕의 자리로써 명하였다.(玄德升聞 乃命以位)" 이는 순임금이 요임금의 계승자가 되는데 있어서 현덕이 결정적인 요인으로 작용한 사실을 말해준다.

현은 노장의 중심사상이 되기 이전에 이미 요순시대에 중요한 덕목이 되었다. 순의 현덕을 통해서 노자 장자 이전에 순임금시대에 이미 현덕을 도덕의 최고 이상으로 추구한 단서를 엿볼 수 있다.

무위자연을 최고의 이상으로 간주하는 도가사상이 추구하는 도는 인간의 도가 아니라 현묘의 도이다. 현묘의 도 다른 이름이 현빈이고 현묘의 도를 통하는 것이 현통이고 현묘의 덕을 지니는 것이 현덕이고 현묘지도를 세상과 함께하는 것이 현동인 것이며 따라서 도가사상이 추구하는 핵심적인 가치는 현묘인 것이다.

3) 한국의 홍익인간 사상이 도가사상에 미친 영향

우리가 도가의 현묘지도와 관련하여 주목할 것은 최치원이 말한 신라의 현묘지도이다. 그것을 인용하면 다음과 같다. "우리나라에 현묘한 도가 있으니, 이를 풍류도라고 한다. 현묘지도를 창시한 근원이 『선사』에 상세히 실려 있다. 실은 삼교를 포함하고 있으며 뭇 생명체를 상대로 하여 교화를 펼친다.(國有玄妙之道 曰風流 設敎之源 備詳仙史 實乃包含三敎 接化群生)"

최치원이 쓴 난랑비서문에 등장하는 이 내용은 글자는 몇 글자 안되지만 한국사상사와 관련하여 매우 중대한 정보를 제공한다. 첫째 신라에는 온 나라가 받드는 도 즉 국교가 있었는데 그 도를 이름하여 현묘지도라 했다는 것이다. 둘째 현묘지도의 시원, 즉 현묘지도를 창시한 내력이 『선사』라는 책에 상세히 실려 있다는 것이다. 셋째 현묘지도는 삼교 즉 유, 불, 도 삼교를 포함하고 있다는 것이다.

지금 『선사』라는 책이 전하지 않아서 자세한 내막은 알 길이 없지만 현묘지도의 다른 이름이 풍류도라고 말한 것은 주목을 끈다. 풍류는 풍월의 다른 표현이고 풍월은 우리말 밝(風)달(月)이다. 그렇다면 신라에 있었던 국교는 한자로는 현묘지도로 표현되었지만 신라인들 사회에서는 밝달도로 불렸을 것이다. 그런데 이 밝달도가 유, 불, 도 삼교를 포함하고 있었다면 유, 불, 도 삼교가 여기서 흘러나갔다는, 다시 말하면 밝달도가 삼교의 원류라는 이야기가 되는 것이다.

물론 최치원의 이 문장을 신라가 유, 불, 도 삼교를 받아들여서 유, 불, 도 삼교를 포괄하는 새로운 사상을 창시했다고 풀이할 수도 있다. 그러나 외래사상을 받아들여 그것을 하나로 묶어 유, 불, 도 삼교를 포함하는 새로운 종교를 창시했다면 이를 풍류도 즉 밝달도라고 말하는 것은 어울리지 않는다. 밝달은 밝달민족을 지칭하기 때문이다.

그러므로 5천년 전부터 있어온 우리 한민족의 고유사상인 고조선의 밝달도가 2,500년 전에 탄생한 유, 불, 도 삼교의 원리를 그 안에 이미 포함하고 있었다고 보는 것이 합리적인 해석이다.

이 삼교를 포함한 밝달도를 최초에 창시한 사람은 누구인가. 김부식의 『삼국사기』에 "평양은 선인 왕검이 거주하던 곳이다.(平壤仙人王儉之宅)"라고 하였다.

환국의 환인, 환웅 고조선의 단군이 김부식이 말한 선인仙

人들이었을 것이고 이들에 의해서 창시한 사상을 한자로 음차하여 표기할 때는 풍류도, 내용적으로는 현묘지도 신라의 방언으로는 밝달도라 하였을 것이다.

즉 밝달도는 현묘지도를 종지로 삼은 선인의 선가사상으로서 그 안에는 유가의 인과 중용, 불가의 자비, 도가의 현묘를 다 포함하고 있었던 것이고 그래서 풍류도가 삼교를 다 포함하고 있다고 말했던 것이다. 밝달도의 한 갈래가 도가의 현빈사상이 되고 다른 한 갈래가 유가의 중용사상이 되었으며 또 다른 한 갈래가 불가의 자비사상이 되었다고 하겠다.

그러면 이 도가의 현빈지도와 유가의 중용지도와 불가의 자비의 도를 모두 포괄하는 밝달도의 근원은 어디인가. 그것이 홍익인간 사상이었다고 나는 믿는다. 유교, 불교, 도교의 역사는 그 출발이 2,500년 좌우가 된다. 그러나 홍익인간은 환국의 건국이념으로서 환인, 환웅을 거쳐서 단군조선으로 계승되었다. 환국과 고조선의 역사는 발해의 모퉁이에 고조선이라는 나라가 있었다는 『산해경』의 기록과 발해유역에서 발굴된 홍산문화의 5,500년 전 유적을 통해서 증명되고 있다.

신라에 화랑이 있었는데 그 우두머리를 국선이라한 것을 본다면 신라에는 선인을 추앙하는 선도사상이 있었고 그 선도가 밝달도 현묘지도였음을 알수 있다. 그러나 단군왕검을 선인이라 한 것을 보면 선도가 신라에서 발생한 것이 아니라 그 기원은 고조선 이전까지 올라간다는 것을 알 수 있다.

신라에 『선사』라는 책이 있었는데 거기에 단군왕검을 비롯한 선인들의 선도를 창시한 내력이 적혀 있었을 것으로 추정해 본다면 선교가 유, 불, 도 이전 고조선시대부터 있던 고유사상으로서 신라에 전해져 삼교의 원류가 되었을 것이라는 논거의 성립이 가능하다.

신라의 현묘지도는 선인 왕검의 도에 기원하고 있고 왕검의 도는 환웅의 건국이념인 홍익인간에 뿌리를 박고 있었다. 그러므로 홍익인간이 삼교를 포함한 신라의 현묘지도, 밝달도의 시원이다.

유가의 중용과 불가의 자비와 도가의 현빈이 다 홍익인간이 내포한 가치지만 신라의 도를 현묘지도라 하여 현묘를 특별히 표방한 것으로 볼 때 유, 불, 도 삼교 중에서 굳이 적통을 말한다면 현빈을 핵심가치로 내세운 도가사상이 홍익인간 사상의 맥을 이었다고 할 수 있겠다.

왜 도가의 노자와 장자가 현사상을 종지로 내세우며 선도의 적통을 계승하게 되었을까. 그것은 이들의 출신성분과 무관하지 않다고 본다. 장자는 (약 서기전369년~서기전 286년) 전국시대 송나라 사람이고 송나라는 은나라의 후예이며 은나라는 동이족으로서 고조선과 동일한 민족이었다.

　노자는『사기』노자열전에 의하면 초나라 사람인데 춘추시대의 초나라는 중원이 아닌 동이족 국가였다. 노자나 장자는 모두 동이족으로서 그들의 몸 속에는 고조선인과 같은 피가 흐르고 있었고 동이족의 문화속에서 그 영향을 듬뿍 받고 자랐다. 공자가 주공의 나라에 태어나 화하족의 문화속에서 성장한 것과는 완전히 차원이 다르다. 그러므로 노자와 장자에 의해서 선가의 핵심사상인 현묘지도 사상이 계승되어 중국의 도가사상이 탄생을 하게 된 것이라고 하겠다.

4
불가의 자비사상과 홍익인간

1) 불가의 자비사상

석가모니는 불교를 창시한 인물이다. 석가는 종족명이고 모니는 존칭으로서 석가모니는 석가족의 성인이라는 의미를 갖고 있다. 석가모니의 본명은 싯다르타이고 룸비니에서 태어났다.

석가모니는 고인도 북부 가비라위국(지금의 리비아 남부) 정반왕의 태자로 태어났다. 그 어머니 마야부인은 이웃나라 구리족拘利族 천비국왕天臂國王의 따님인데 본국으로 돌아가던 도중에 싯다르타를 룸비니에서 분만하였고 7일 뒤에 세상을 떠났다. 그로 인해서 싯다르타는 어려서 이모의 손에서 자랐다.

싯다르타는 29세에(19세라는 설도 있다) 왕좌를 버리고 출가 수행의 길로 들어섰는데 거기에는 인생의 생, 노, 병, 사에 대한 고뇌, 멸족의 위기에 몰린 석가족의 전쟁에 대한 위협, 당시의 바라문교에 대한 불만 등 여러 가지 요소가 작용을 했지만 어머니를 잃은 상처도 큰 몫을 하였을 것으로 여겨진다.

싯다르타는 피나는 구도의 과정을 거쳐 결국 깨달음의 경지에 도달하게 되는 데 이때 그의 나이는 35세였다.(30세라는 설도 있다) 싯다르타는 깨달음을 얻은 뒤 먼저 녹야원鹿野苑에서 그의 시종인 아야阿若와 교진여憍陳如 등 5인을 향하여 설법을 하고 뒤에는 인도북부, 중부 갠지스강 유역에서 49년동안 전교를 하다가 80세에 세상을 떠났다.

석가모니가 49년동안 설법한 교리는 사성제四聖諦, 팔정도八正道, 십이연기十二緣起 등으로 요약된다. 석가모니가 깨달아서 일생동안 설법했던 진리는 한마디로 말하면 무엇인가. 석가모니는 인생이 어떻게 하면 고통의 세계를 벗어나서 행복한 삶을 누릴 수 있는가 거기에 대한 진리를 깨달은 것이라고 여긴다.

석가모니가 먼저 녹야원에서 교진여 등 5인에게 설법한 것이 사성제인데 사성제는 바로 인생의 고통의 원인을 분석하고 고통에서 벗어나는 방법론과 행복에 도달하는 최종 목적을 제시한 것이다.

석가모니가 깨달은 진리 사성제는 고苦, 집集, 멸滅, 도度이다. '고제'란 고통속에 있는 세상을 가리킨 것으로서 결과를 설명한 것이고 '집제'란 업과 번뇌가 고통의 근원이라는, 즉 세상의 고통이 왜 오게 되는지 그 원인을 설명한 것이다. '멸제'란 해탈과 행복을 얻게 된 결과를 설명한 것이고 '도제'란 고통에서 벗어나는 길, 행복에 이르는 방법론을 제시한 것이다.

이 세상은 인과 응보로 이루어져 있고 여기서 과거 현재 미래가 전개되는데 인생이 고통을 벗어나서 행복하게 살아가는 방법은 번뇌와 망상을 제거하고 팔정도를 행하며 살아가는 데 있다는 것이 사성제의 가르침이다. 팔정도는 우리말로 바꾸어 말하면 바른 견해, 바른 사유, 바른말, 바른 행위, 바른 생활, 바른 정진, 바른 생각, 바른 선정이다.

12 연기는 무명無明, 행行, 식識, 명색名色, 육입六入, 촉觸, 수受, 애愛, 취取, 유有, 생生, 노사老死의 12가지 인연因緣을 말한다.

12 연기는 인간이 3세 인과를 통해서 생사윤회하는 과정을 12단계로 나누어 설명한 것이고 팔정도는 인간이 윤회의 고리를 끊고 고통속에서 빠져나와 행복의 세계에 도달하는 방법론을 여덟가지로 나누어 설명한 것이다.

고통의 근원과 이를 벗어나는 진리를 깨달은 싯다르타는 이 고귀한 진리를 중생에게 널리 교화하여 그들을 고통속에서 구제하고 행복한 삶속에서 살아가도록 하기 위해 일생을 보냈는데 그것이 바로 불교의 자비사상이다.

자비의 구체적인 의미는 무엇인가. "대자는 일체 중생에게 즐거움을 부여해주는 것이고 대비는 일체 중생을 고통속에서 구제해 주는 것이다.(大慈與一切衆生樂 大悲拔一切衆生苦)"〈용수龍樹『지도론智度論』석초품중釋初品中 대자대비의大慈大悲義〉

중생을 사랑으로 껴안아 그들에게 즐거움을 제공해주는 것을 '자'라 하고(與樂) 고통속에서 헤매는 중생을 가엽게 여기어 그들의 고통을 제거해주는 것을 '비'라고 말한다(拔苦). 쉽게 말하면 '자'는 다른 사람에게 행복을 부여해주는 것이고 '비'는 다른 사람을 불행에서 건져주는 것이다.

자비는 불교의 기본정신이다. 자비를 떠나서 불교를 생각할 수 없다. 고통에 허덕이는 중생을 보고 자기는 아무런 관련도 없다는 듯이 모른척 한다면 그것은 자비가 아니라 무자비이다. 자비는 뭇 생명을 고통속에서 벗어나 행복을 누리게 하려는 정신이다. 다시 말하면 공존, 공영, 공생의 정신이다. 그래서 『법화경法華經』에서는 "대자대비의 힘으로써 고뇌하는 중생을 제도한다.(以大慈悲力 度苦惱衆生)"라고 말했다.

2) 한국의 홍익인간 사상이 불교 사상에 미친 영향

불교의 자비란 결국 널리 중생을 이롭게 하는 것이다. 그러므로 불경 중에는 중생을 이롭게 할 것을 강조한 내용이 여러 경전 가운데 보인다.

『화엄경』 보현행원품에는 보살은 대비의 물로써 중생을 이익되게 해야 한다는 것을 다음과 같이 말하고 있다. "만일 여러 보살이 대비의 물로써 중생을 풍요롭고 이익되게 한다면 아뇩다라삼먁삼보리를 성취할 수 있다.(若諸菩薩 以大悲水 饒益衆生 則能成就阿耨多羅三貌三菩提)" "만일 중생이 없다면 일체 보살이 끝내 무상정각을 성취할 수가 없다.(若无衆生 一切菩薩 终不能成无上正覺)"

대자대비의 마음으로써 중생을 풍요롭고 이익되게 하는 것이 보살이 지혜를 성취하는 길이며 따라서 중생이 없다면 보살이 무상정각을 성취할 수가 없다는 것이다.

다른 사람을 행복하게 하는 것은 그에게 이익을 베푸는 것이고 다른 사람을 불행하게 하는 것은 그에게 불이익을 주는 것이다. 사람을 고통속에서 구출하여 행복하게 살수 있도록 하는 것이 불교의 자비정신인데 저들 중생을 행복하게 하는 구체적인 방법론은 이익을 베풀어 주고 불리익을 가하지 않는 데 있는 것이다.

자비를 실천하는 구체적인 방법론은 결국 중생을 이익되게 하는 것이므로 『유마힐경』 불국품에는 "여러 중생을 널리 풍요롭게 하고 이익되게 해야 한다.(饒益諸衆生)"라고 말하였고 『화엄경』에서도 요익중생을 강조하였다.(次有世界 名爲饒益)

『증일아함경增一阿含經』에서는 "여러 부처 세존이 대자비를 이루어 대비의 힘으로써 널리 중생을 이롭게 한다.(諸佛世尊 成大慈悲 以大悲力 弘益衆生)"라고 말하여 홍익중생이라는 표현이 등장한다. 이를 통해서 본다면 중생을 대상으로 한다는 것이 다를 뿐 불교는 결국 홍익사상에 기반하고 있다. 단지 불교는 인간뿐만 아니라 생명을 지닌 모든 중생을 대상으로 한다는 점에서 불교의 자비사상은 홍익인간 정신과 내용상에서 약간의 구별이 있는 것이다.

불교의 요익중생, 홍익중생 사상은 불교의 창안이 아니라 홍익인간 사상의 변용이요 발전이라고 본다. 8,000년 전 발해 유역의 환웅 환국과 4,500년 전 단군조선에 홍익인간이라는 건국이념이 이미 존재하고 있었기 때문이다. 2,500년 전 중국의 유교가 홍익인간의 중中 사상을 승화시켜 중용논리를 탄생시켰다면 2,500년 전 인도 불교는 홍익인간 정신을 발전시켜 홍익중생 논리를 전개한 것이라고 하겠다.

사성제, 팔정도, 12연기 등이 근본 불교의 교리이다. 석가모니 열반후 약 500년이 지나서 대승 중관파가 출현했다. 이 교파의 창시자는 용수龍樹로서 용수에 의해 제창된 것이 "공"과

"중도"사상이다. 따라서 불교에서 중도사상이 제창되고 대승불교가 발전한 것은 부처님 당시가 아니라 부처님 사후 500년이나 지난 뒤이다. 부처님의 원시불교는 대자대비의 정신으로 중생을 널리 이롭게 한다는 요익중생, 홍익중생 사상에 기초하고 있다.

불교가 중국에 전래된 뒤에는 교리상에서 근본 불교와는 완전히 다른 혁신적인 변화가 있었다. 중국의 선禪불교는 중국의 도교와 결합한 불교의 새로운 모습이며 인도의 원시 불교에서 환골탈태한 것이다. 6조 혜능으로 대표되는 중국의 선불교는 인도의 원시 불교와는 결이 완전히 다른 신불교인 것이다.

5
맺는말

 필자가 홍익인간의 공생, 공영 정신이 유가 인仁사상의 모태가 되었고 육체와 양심의 균형과 조화를 추구하는 홍익인간의 정신이 요, 순의 중사상 공자의 중용사상으로 발전했으며 유와 무의 묘합으로 표현되는 도가의 현지우현玄之又玄 사상이 고조선에서 신라로 이어진 현묘지도 사상에서 기원했고 불교의 자비와 요익중생은 홍익인간 사상의 확대라고 해석한 것은 동양사상을 기존의 틀을 깨고 새로운 관점에서 바라본 것이다.

 삼국시대를 전후하여 유, 도, 불이 전래되기 이전에 환국과 고조선의 고유한 사상은 선도였고 이 선도의 핵심사상이 홍익인간 사상이며 이 홍인인간 사상이 출발점이 되어 동아시아의 사상이 형성발전되었다고 보는 것이 본 발표의 요지이다.

 나무로 비유를 들어 말하면 고조선 환국의 선도가 뿌리이고 이 뿌리에서 유교, 도교, 불교라는 세 굵은 가지가 뻗어나갔다는 것이다. 동양사상의 원류에 홍익인간 사상이 있었고 이 사상이 흘러나가서 세가닥의 물줄기로 나누어졌다는 이야기가 되는 것이다.

이러한 논리의 전개는 홍산문화와 『사고전서』에 바탕을 두고 있다. 홍산문화를 한국사의 범주로 받아들이고 『사고전서』를 한국사 연구의 새로운 자료로 수용한다면 이 논리는 비현실적인 논리가 아니라 아주 합리적인 논리로 탈바꿈 한다. 홍산문화와 『사고전서』는 엄연히 실제하고 발해조선과 발해환국은 문헌과 유물이 증명한다. 그러므로 홍산문화와 발해조선은 인정하느냐 안하느냐의 문제이고 위조이냐 진실이냐의 문제가 아니다.

일본은 이도다기(井戶茶碗)라는 한양조선의 막사발 비슷한 도기를 가져다가 일본의 국보 26호로 지정했다. 조선의 막사발도 일본에 가면 국보대접을 받는데 인류공영의 최고 이상인 홍익인간 사상, 유, 불, 도 삼교의 원류가 되는 선도는 정작 종주국인 한국에서 제대로 조명되지 못하고 있다.

20세기 최고의 역사학자 토인비와 25시의 작가 게오르규는 21세기를 주도할 지도 사상으로서 한국의 홍익인간 사상을 극찬했다. 여기서 우리는 홍익인간 사상은 지난날 동양사상을 형성발전시킨 과거의 사상으로 서가 아니라 내일의 새로운 시대를 이끌어갈 새로운 사상으로서의 희망을 본다.

경제사상이 결여된 것이 유, 불, 도의 한계이고 도덕이 결여된 것이 자본주의의 한계이다. 홍익인간 사상은 도덕과 경제, 육체와 양심의 균형과 조화를 추구하는 사상이다. 따라서 홍익인간 사상은 자본주의 이후의 사회, 미래 새로운 문명의 해답이 될 수 있다.

— 2021년 6월 17일 세미나 발표자료

제5장

한국의 홍익인간 정신과 세계평화

1

자본주의 이후의 사회와 그 대안 홍익인간 정신

한동안 코로나 19로 온 세계가 전염병 공포에 휩싸여 있더니 이제 그 기세가 조금 수그러들자 다시 러시아와 우크라이나, 이스라엘과 하마스의 전쟁으로 인해 수많은 무고한 인명이 살상되고 있다.

그리고 미, 중 갈등을 위시해서 세계 곳곳에서 나타나는 현상은 너 죽고 나 살기식의 대립과 갈등의 연속이다. 평화와 공존이란 단어는 어디에서도 찾아보기 어렵다. 인류는 과연 본질적으로 갈등하고 전쟁하는 존재이며 평화적 공존은 불가능한 것인가.

1) 인간존재에 대한 3가지 질문

인간존재에 대한 물음은 인간은 어디서 왔는가, 인간은 어떻게 살아야 하는가, 인간은 어디로 가는가로 요약된다. 인간은 어디서 왔는가는 과거에 대한 물음이고 어떻게 살아야 하는가는 현재에 대한 물음이며 어디로 가는가는 내세에 대한 물음이다.

오늘 여기서는 인간은 어떻게 살아야 하는가에 대해 초점을 맞추어 설명하고자 한다.

2) 인간은 어떻게 살아야 하는가

인간은 어떻게 살아야 하는가에 대한 해답은 크게 두 가지로 요약된다.

하나는 정신적인 가치를 추구하는 도덕적인 삶이고 다른 하나는 물질적인 욕구를 충족시키는 쾌락적인 삶이다.

동서의 종교와 사상은 인간의 도덕적인 삶에 높은 비중을 둔 반면 현대 자본주의, 사회주의 체제는 인간의 물질적인 욕구 충족에 무게를 둔다.

만물의 영장인 인간은 동물과는 다르기 때문에 물질적인 욕구 충족만으로 행복하기 어렵고 그렇다고 의, 식, 주를 필요로 하는 인간은 천사가 아니기 때문에 정신적인 가치추구만으로도 행복한 삶을 영위할 수가 없다.

그렇다면 동물도 천사도 아닌 인간이 이 세상에서 행복한 삶을 영위할 수 있는 길은 무엇인가.

그것은 도덕과 경제, 이 양자를 두 축으로 하여 어느 한쪽에 편중되지 않는 삶을 영위하는 것이라고 본다.

돌이켜보면 동서의 종교와 사상은 인간의 도덕적인 삶에 가르침이 편중되어 있고 현대의 자본주의, 사회주의 체제는 인간의 물질적인 삶에 목표가 편향되어 있다. 따라서 도덕과 경제 어느 한쪽에 치우친 동서의 종교 사상과 현대의 정치체제는 인류의 삶을 행복으로 초대하는 데 실패하였다.

3) 홍익인간이란 무엇인가

『삼국유사』 고조선 조항에 환웅천왕이 홍익인간을 이념으로 하여 신선의 나라 신시神市를 세웠고 환웅의 아들 단군이 이어서 고조선을 건국했다고 기록되어 있다.

만리장성 밖 내몽골 적봉시에서 발굴된 제단, 여신전, 적석총으로 상징되는 5,500년 전 홍산문화는 치우환웅천왕시대 환국桓國의 유적으로 평가되고, 발해유역 북경시 일대에서 발굴된 하가점하층문화는 단군조선의 건국유적으로 인정된다.

홍익인간이 말하는 인간이란 어떤 인간을 가리키는 것인가. 『천부경』에서 "인간은 곧 하늘과 땅과 동일한 존재이다.(人中

天地一)"라고 한 인간을 말한다. 동학의 "사람이 곧 하늘이다.(人乃天)"라는 사상은 이를 계승한 것이다.

홍익인간 정신은 지난 수천년 동안 한국정신의 핵심으로 자리매김해왔다. 고구려 광개토태왕 비문의 도로써 함께 다스린다는 "이도여치以道輿治", 최치원이 말한 풍류도의 여러 중생을 상대로 교화한다는 "접화군생接化群生", 신라의 화랑과 화백和白 제도, 한양조선의 "실사구시實事求是", 이율곡의 "시비와 이해가 합의점을 찾고 중용을 실현한다는 시비이해是非利害의 합의득중合宜得中"은 홍익인간 정신의 시대를 달리한 표현이라고 본다.

홍익에서 말하는 '익'이란 어떤 의미를 내포하고 있는가. 먼저 글자 뜻을 알아보면 익益은 물 수水 자 아래에 그릇 명皿 자로 구성되어 있다. 물은 아래에 있기를 좋아하고 그릇을 채우고 나면 거기서 멈추지 않고 반드시 다시 흘러서 다른 그릇을 채우는 특성을 지니고 있다.

그래서 맹자는 물은 과정을 뛰어넘는 일이 없으며 "웅덩이를 다 채우고 나서 다시 흐른다.(盈科而進)"라고 물의 특징을 설명했다. 이익을 가리키는 익益 자가 물수 자와 그릇 명 자의 회의會意 자인 것을 보면 동양의 전통사회에서 말한 이익의 본래 의미가 무엇인지 짐작할 수 있다.

현대사회에서 말하는 이익은 개인의 사적 이익과 집단의 공동이익으로 나뉜다. 효율을 존중하는 자본주의는 사익추구에 주안점을 두고 분배를 강조하는 사회주의는 공동이익의 구현에 초점을 맞춘다. 그런 점에서 자본주의든 사회주의든 인간의 정신적 가치보다 경제적 문제에 치중한다는 한계를 지적할 수 있다.

동서의 종교사상은 유교는 인의를, 불교는 자비를, 도교는 무위자연을, 기독교는 박애를 주장한다. 이들은 표현은 서로 다르지만 인간의 도덕문제를 중시한다는 점에서 동일하다. 경제사상의 결여 혹은 소극적 경제사상을 동서의 종교와 사상이 지닌 한계로 지적할 수 있다.

홍익인간은 사랑을 함께 나누는 홍애弘愛가 아닌 이익을 함께 나누는 홍익弘益을 강조한다는 점이 독특하다. 홍익인간은 사랑이 아닌 이익을 강조한다는 점에서 다른 기존의 종교사상과 구별되고 더불어 함께 나누는 공존공영을 강조한다는 면에서 현대 자본주의 체제와도 차별화된다.

홍익적 관점에서 보면 이익을 독점하는 것이 악이고 부도덕이며 이익을 함께 나누는 것이 선이요 도덕이다. 이익은 경제 논리이고 함께 나누는 것은 도덕 논리이다. 이익을 자기 혼자 독점하지 않고 더불어 함께 나누는 것이 홍익인간이다. 도덕과 경제가 어느 한쪽에 편중되지 않고 이를 두 축으로 하여 평화 공존의 사회를 실현하는 것이 홍익인간 사회이다.

4) 자본주의 이후 사회와 그 대안 홍익인간 정신

지금 세계는 하루도 편한 날이 없고 어느 한 곳도 조용한 곳이 없다. 지구도 아프고 자연도 아프고 인간도 아프다. 현대 문명이 중병에 걸려 생사의 기로에 서 있다. 해답은 어디에 있는가.

개인의 자유와 이익을 강조하는 자본주의는 더불어 함께 나누는 '홍'의 개념이 빈약하고 균등한 분배를 앞세우는 사회주의는 이익을 추구하는 '익'의 정신이 취약하다. 따라서 자본주의는 경제는 향상되지만 도덕이 결여되는 결함이 있고 사회주의는 균등을 지향하지만 경제가 낙후되는 한계가 있다.

한국의 개국이념인 홍익인간 재세이화는 민족을 넘어 인류를, 국가를 넘어 세계를 지향한다. 이익을 혼자 누리지 말고 더불어 함께 나누라는 '홍'의 정신에 사회주의가 강조하는 균등과 분배의 정신이 담겨 있고 도덕과 정의만 따지지 말고 이익을 함께 추구하라는 '익'의 정신에 자본주의가 강조하는 시장경제 논리가 들어 있다.

홍익인간, 재세이화는 우리민족의 국조 환웅천왕이 개국할 때 강조하신 개국이념이자 통치철학이다. 우리 인류는 이 숭고한 이념과 철학을 바탕으로 삼아 국가와 민족과 종교와 사상의 벽을 넘어서 하나가 되어야 한다. 한민족의 '홍익인간' 정신에, 지금 전쟁하고 갈등하며 막다른 골목에 다다른 현대 자본주의 문명이 위기를 극복하고 새로운 시대를 열 수 있는 해답이 담겨 있다.

남아메리카 에콰도르 본토에서 서쪽으로 약 1,000km 떨어진 곳에 20여 개의 섬으로 이루어진 갈라파고스 군도가 있다. 이곳은 생태의 보고이며, 찰스 다윈이 진화론을 연구한 곳으로 유명하다.

그런데 몇 년 전부터 갈라파고스섬은 파도에 밀려온 플라스틱 쓰레기장으로 변질되어 심각한 몸살을 앓고 있다.

물론 중남미 주변 국가에서 버린 쓰레기가 유입되어 오염을 증가시키는 것이겠지만 태평양에서 조업 중인 중국어선에서 버린 플라스틱 쓰레기가 상당수 발견되고 있고 심지어는 한글 상표가 뚜렷한 플라스틱 용기도 보인다.

이는 오늘날의 심각한 환경파괴 지구오염을 극복하기 위해서는 어느 한 국가나 한 민족의 노력만으로 해결될 수 있는 사안이 아님을 잘 설명해준다. 세계 인류가 더불어 함께 잘사는 홍익정신으로 돌아갈 때 위기에 처한 현대 자본주의 문명은 새로운 돌파구를 찾을 수 있을 것이다.

— 2024년 11월 20일 세미나 발표자료

2
한국의 홍익인간 정신과 세계평화

1) 머리말

전쟁은 인류가 이루어놓은 모든 것을 하루아침에 앗아간다. 따라서 어느시대나 물론하고 인류는 전쟁을 혐오하고 평화를 염원해 왔다. 그러나 세계는 지금 전운이 감돌고 있다. 언제 3차대전이 터질지 모르는 일촉즉발의 위기에 직면해 있다.

러시아와 우크라이나, 중국과 대만, 북한과 남한은 3차대전의 촉발을 야기할 수 있는 3대 화약고이다.

위험은 3대화약고에만 국한된 것이 아니다. 각 국가 간에 무역분쟁, 국경분쟁 등을 야기하여 불협화음을 내는 나라가 하나 둘이 아니다. 오늘의 인류세계가 어떻게 하면 대립과 갈등을 극복하고 인류공영의 평화로운 세상을 열수 있을까 하는 것은 당면한 최대의 시대적 과제가 아닐 수 없다.

자본주의와 사회주의는 현대세계를 이끌어가는 두 체제이다. 먼저 이 두체제의 성격과 장단점에 대해 간단히 살펴보고 이어서 한국의 홍익인간정신과 세계평화에 대해 언급하고자 한다.

2) 자본주의

자본주의는 인간의 자유를 인정하고 사익의 추구를 권장한다. 자본주의 국가에서는 누구나 자유롭게 자신의 이익을 극대화하기 위해 최선을 다한다. 그러나 이익은 한정되어 있고 인간의 욕구는 무한하다.

이익의 극대화는 필연적으로 생존경쟁을 유발하고 생존경쟁은 평화의 손상을 가져오고 평화의 손상은 인간의 행복을 저하시킨다. 따라서 경제적으로 풍요하고 정신적으로 불행한 것이 자본주의 사회가 안고 있는 한계로 지적된다.

세계는 지금 자본주의와 사회주의로 양분되어 있는데 자본주의는 미국, 영국으로 대표되고 사회주의는 중국, 북한으로 대표된다.

처칠은 자본주의가 인류역사상 가장 이상적인 체제라고 생각하진 않는다. 그러나 사회주의보다는 자본주의가 우월하다고 생각한다. 자본주의보다 우월한 체제가 있다면 기꺼이 그것을 따르겠다는 취지로 말한 바 있다. 처칠도 언급한 바와 같이 자본주의가 인류에 가장 적합한 이상적인 체제라고 말할 수는 없다.

3) 사회주의

사회주의는 인간의 자유를 제한하고 사익의 추구를 억제하며 공동의 이익 즉 공익의 추구를 모색한다. 사회주의는 자본주의가 안고 있는 모순을 극복하기 위해 대증요법으로 출현한 것이다.

그러나 자기 집 채소밭은 열심히 가꾸면서 협동농장에 가서는 서로 게으름을 피우는 것에서 알 수 있듯이 사회주의의 한계는 필연적으로 경제의 낙후를 가져온다는 점을 들 수 있다. 중국에서 모택동이 공산주의를 받아들여 모두가 함께 잘살기 위한 사회를 만들려고 노력했는데 결국은 평등한 부가 아니라 평등한 빈곤을 중국인들에게 가져다 주었다.

그래서 등소평이 흰 고양이가 됐든 검은 고양이가 됐든 쥐만 잘 잡으면 된다는 중국특색의 사회주의를 제창하며 시장경제를 받아들여 불과 몇십년만에 중국을 G2국가로 도약시켰다.

중국의 경우는 자본주의가 경제를 발전시키는데 얼마나 특효약인지를 잘 실증해주었다. 중국이 만일 자본주의를 받아들이지 않았더라면 중국은 지금도 북한과 같은 최빈국 대열에 머물러 있었을 것이다.

그러나 흰 고양이가 됐든 검은 고양이가 됐든 쥐만 잘 잡으면 된다고 말하며 사회주의에 시장경제를 접목시킨 중국 특색의 사회주의는 그 장래를 지금 예측할 수 없다. 왜냐하면 자본주의는 자유민주주의와 결합했을 때 그것이 힘을 발휘하는데 일당독재체제인 사회주의와 만났을 때 그것이 어떤 결과를 가져올는지는 아직 검증된 바가 없기 때문이다.

막스는 자본주의는 붕괴되고 사회주의가 자본주의를 대체할 것이라고 보았다. 그러나 소련의 사회주의는 붕괴되었고 중국의 사회주의는 지금 미래를 예측할 수 없는 시험대 위에 놓여 있다.

4) 한국의 홍익인간 정신

홍익인간은 한국의 첫 국가 환국의 국조 환웅천왕의 개국이념이다. 환웅천왕이 홍익인간을 이념으로 환국을 개국하신 이후 그 정신은 발해조선, 부여, 삼한, 고구려, 백제, 신라, 고려, 한양조선으로 면면히 이어져 오늘의 대한민국에 이르고 있다.

그러므로 홍익인간은 한국인을 지탱해온 정신적 지주요 한국을 이끌어온 국혼이다. 한국인의 정신이자 국혼인 홍익인간이란 무엇인가.

'홍'은 널리 더불어 함께 나누는 공익을 의미하고 '익'은 개인의 사사로운 사익을 말한다. 이익을 혼자서 독점하지 말고 인류가 더불어 함께 나누라고 강조하는 것이 홍익인간 정신이다.

동서의 종교와 사상은 사랑을 강조하고 사랑을 나누라고 가르쳤다. 그러나 우리의 국조 환웅은 사랑을 나누라고 하지 않고 이익을 나누라고 가르쳤다. 이것이 한국의 건국이념이 다른 동서의 종교 사상과 다른 점이다.

현대사회를 지배하는 체제는 자본주의와 사회주의이다. 자본주의는 인간의 욕구를 충족시키는 사익에 치우쳐 있고 사회주의는 인간의 사적 욕구를 제한하고 공동체적 이익을 존중하는 공익에 편중되어 있다. 그러나 홍익인간은 사익을 인정하되 공익을 강조하여 사익과 공익의 조화와 균형을 추구한다는 점에서 자본주의와도 다르고 사회주의와도 구별된다.

인간은 육체를 소유한 동물이다. 천사가 아니므로 이기적인 사심이 없을 수가 없다. 한편 도덕적인 양심을 소유한 만물의 영장이므로 인간은 누구나 기본적으로 도덕적인 존재이다.

이처럼 인간은 도덕적인 양심과 이기적인 사심을 동시에 소유한 존재이기 때문에 사익만을 강조하는 자본주의나 공익에 편중된 사회주의로는 인간에게 행복을 가져다주거나 세계를 평화의 길로 이끌 수 없다.

사회주의가 중시하는 공익과 자본주의가 강조하는 사익을 적절히 조화 융합시킬 때 인류가 소망하는 행복한 평화로운 세상을 만들 수 있다. 그것이 바로 우리민족의 첫 국가 환국을 개국하신 환웅천왕이 강조하신 홍익인간의 정신이다.

5) 한국의 홍익인간 정신과 세계평화

불교에서는 회자 향타回自向他의 회향을 말하였다. 자신의 공덕을 자기가 소유하지 않고 다른 사람과 함께할 때 평화가 찾아온다는 것이 회향정신이다.

유교에서는 불편 불의不偏不倚의 중용을 말하였다. 어느 한 쪽에 치우치지 않고 시간과 장소에 따라서 균형과 조화를 추구하라는 것이 유교의 중용정신이다.

그러나 2,500년 전 인도의 부처와 중국의 공자가 회향과 중용을 말하기 이전 5,000년 전에 한국의 국조 환웅은 홍익인간 정신을 말하였다. 그러므로 부처의 불교와 공자의 유교의 원류에 한국의 홍익인간 정신이 있다.

홍익인간 정신을 잘 표현한 것이 실사구시實事求是이다. 실사는 실리를 중시하는 정신이고 구시는 공익을 존중하는 관념이다. 그러므로 실사구시는 홍익인간 정신의 다른 표현이다. 그리고 율곡은 "시비와 이해의 합의와 득중得中"을 강조했다. 이것이 한국의 홍익인간 정신의 정수를 가장 잘 설파한 것이라 할 수 있다.

사익에 편중된 자본주의는 효율을 증가시켜 인류에게 물질적 부는 가져다주었지만 다른 한편으론 악성 경쟁을 격화시켜서 공존공영의 평화로운 세계를 조성하는 데 실패하였다.

공익을 중시하는 사회주의는 평등한 부를 지향하지만 효율의 저하가 결과적으로 평등한 빈곤을 초래하여 평화로운 행복한 세계를 만드는데 성공하지 못하였다.

그러므로 자아의 이익에 초점을 맞춘 자본주의와 타아의 이익에 기준을 둔 사회주의로는 인류가 소망하는 미래의 평화로운 세상을 만들어 나갈 수 없다.

사랑과 자비의 논리는 있지만 경제 논리가 빈약한 동양과 서양의 종교와 사상 역시 현대 사회가 직면한 분열과 분쟁을 극복하고 인류에게 평화를 가져다줄 대안은 되기 어렵다.

오직 자아의 이익과 타아의 이익을 아울러 존중하여 시비와 이해의 합의와 득중을 추구하는 홍익인간 정신만이 오늘의 전운이 감도는 혼란한 세계를 사랑이 충만한 평화로운 세상으로 안내할 수 있을 것이다.

　우리는 앞으로 한국의 홍익인간 이념을 발전시켜 자본주의 사회주의를 대체할 새로운 페러다임 홍익주의를 건설하는데 박차를 가해야할 것이다. 거기에 세계평화라는 오늘의 시대적 과제를 해결할 수 있는 해답이 담겨 있다.

― 2024년 6월 15일 세미나 발표자료

부록

자본주의 이후의 사회와
백운 심대윤의 복리주의福利主義

1
머리말

맹자는 "오백년五百年 필유왕자흥必有王者興"이라고 말하였다. 이것은 "어떤 체제를 물론하고 영원하지는 않으며 일정한 시일이 경과하면 반드시 다른 체제에 의해서 대체되게 되는데 그 주기는 대략 500년 정도가 된다."라는 뜻이다.

자본주의는 자본이 정치, 경제, 사회를 주도하는 체제를 말한다. 개인의 자유를 인정하고 각자의 이익에 따라 시장에서 자유롭게 경쟁하도록 요구하는 자본주의는 지난 근 250년 동안 세계를 주도적으로 이끌어 왔다.

맹자의 500년 주기설에 따르면 250년의 역사를 가진 현대 자본주의가 벌써 수명이 다 했다고 보기는 어렵다. 다만 세계화와 자유주의를 지향하던 시장 자본주의는 2008년 9월 15일 리먼 브라더스 사태를 계기로 중대한 위기를 맞았다.

자유시장 자본주의가 개인의 창의성을 발휘하고 물질적 풍요를 실현시키는데 그 어느 체제보다도 성공적인 제도인 것은 사실이지만 불공정한 경쟁, 승자독식, 양극화의 심화는 결과적으로 모두가 행복한 공존사회를 구현하는데 실패한 것이다.

『자본주의 4.0』의 저자 아나톨 칼레츠키는 다음과 같이 말했다 "2008년 9월 15일에 무너진 것은 단지 하나의 투자은행이나 금융시스템이 아니다. 그날 무너진 것은 정치철학과 경제시스템 전체이며 이 세상을 바라보는 방식과 이 세상에서 살아가는 방식이다. 이제 2008년 가을에 붕괴된 글로벌 자본주의를 과연 무엇이 대체할 것인가가 의문이다."

지금 서구에서는 바야흐로 시장 자본주의를 대체할 새로운 형태의 자본주의에 대한 논의가 뜨겁게 제기되고 있다. 금년 1월 25일 스위스 동부 휴양지 다보스에서 세계 40여개국 정상을 비롯해 정치, 경제, 사회 각 분야 지도자 2,600여명이 참석해 개최된 다보스포럼(WEF)의 주제는 '대전환-새로운 모델의 형성'이었다 '자본주의가 지속 가능할 것인가' '21세기에 맞게 자본주의가 어떻게 변해야 하나' 등 자본주의의 근원적인 문제를 놓고 열띤 토론을 벌였다.

그리고 하루 전날인 24일 브라질 남부 포르투알레그레에서 각국 시민, 사회운동가 4만여 명이 참가해 열린 세계사회포럼(WSF) 역시 '자본주의의 위기-사회, 경제적 정의-'라는 주제를 내걸고 지금과는 다른 새로운 자본주의의 대안을 찾고자 노력했다.

두 포럼 모두 그 역사나 행사규모, 화려한 참석자 등으로 볼 때 뭔가 그럴듯한 해법이 도출될 수 있을 법도 하였는데 새로운 자본주의에 대한 구체적인 결론이나 뚜렷한 대안을 찾는데 실패하였다. 병들어 신음하고 있는 시장 자본주의, 그것을 치유할 명약은 과연 어디서 나올 것인가

본 연구는 19세기 한국에서 태어나 성리학性理學, 삼리사상 三利思想을 통해 정신적으로 행복하고 물질적으로 풍요한 복리사회福利社會를 건설하자고 외친 심대윤의沈大允의 복리주의福利主義에서 그 대안을 찾아보고자 한다.

최근 출간된 이언 브레머의 『국가는 무엇을 해야 하는가』 에릭 와이너의 『그림자시장』, 이 두 책은 한국에 대해 자유시장과 국가 자본주의를 섞은 '하이브리드형' 국가, 또는 잠재적인 '그림자 시장' 국가의 일원으로 분석하는 흥미로운 견해를 제시했다

세계에는 수많은 자본주의 국가들이 있다 그런데 그 많은 나라들 중 이 동아시아의 작은 나라 한국에서 자유시장과 국가 자본주의를 섞은 새로운 자본주의의 출현 가능성을 점치는 시각이 서구의 경제석학들로부터 제기된다는 것은 매우 중요한 의미를 지닌다.

이것은 현대 자본주의 이후의 미래사회에서 한국의 자본주

의가 서구로 대표되는 시장 자본주의와 중국으로 대변되는 국가 자본주의의 중간 단계로서의 보다 이상적인 새로운 자본주의의 모델을 형성할 수 있는 가능성을 세계 경제학계가 이미 간파했다는 증거가 되는 것이고 또 한국이 그러한 역할을 해 주기를 은연 중에 기대한다는 일종의 주문이기도 한 것이다.

한국은 시장경제 자본주의 시스템을 받아들여 50여년이라는 짧은 기간에 선진국 문턱까지 올라서는 '한강의 기적'을 이룩했다. 이제 한국이 빈부격차, 양극화의 부작용으로 인해 위기를 겪고 있는 시장 자본주의의 위기를 극복할 수 있는 새로운 대안을 심대윤의 한국 철학 속에서 찾아 제시할 수 있다면 '한강의 기적'을 넘어 '동아시아의 기적'을 이룩하는 계기를 마련하게 될 것이다.

2
심대윤은 누구인가

1) 삼한三韓 경학經學의 빛

19세기 이 나라에 당쟁의 비바람이 세차게 휘몰아치고 서구의 물결이 흘러들기 시작하던 격변의 시기에 태어난 심대윤(1806-1872)은 우리 역사상 드물게 보는 걸출한 사상가였다.

그러나 그의 사상은 당시의 사회를 지배하던 중심사상인 성리학性理學에 정면으로 반하는 완전히 새로운 사상이었으므로 그 존재는 당시 세상으로부터 심한 따돌림을 받았고 사후에도 저술들이 제대로 간행되지 못한 채 매몰된 상태로 있었다.

그러다가 최근에 성균관 대학교 대동문화연구원에서 그의 여기저기 산재한 필사본으로 전해지는 방대한 저술들을 한데 모와 세 권의 책으로 영인하면서 비로소 세상에 알려져 학계의 주목을 받게 되었다.

현대한국의 대표적인 한학자요 역사학자였던 위당爲堂 정인보鄭寅普(1893-1950)는 심대윤의 『한중수필閒中隨筆』을 읽고 그 책머리에 친필로 소감을 이렇게 적었다.

"우리나라의 유학자들은 모두 정주程朱의 학설을 고수한 나머지 감히 새로운 견해를 발표하지 못했다. 그 폐단은 형식만 답습하고 마음으로부터의 체득이 없는 결과를 가져오게 되었다.

선생은 재주가 뛰어나고 사려가 깊었으며 오랫동안 세상사를 경험하여 세상 물정에 대단히 밝았다. 그런데 가슴 속에 고뇌가 쌓이자 성인의 말씀을 해석하면서 자신의 의견을 덧붙였다.

그의 학설은 대진戴震에 가까운데 크고 활달하기로는 그보다 낫다고 할 수 있다. 근세의 고명한 학자로 이성호李星湖와 안순암安順菴은 역사학으로 알려졌으며 정다산丁茶山은 정치학으로 유명하다.

선생은 일생을 적막한 가운데 외롭게 지낸 탓으로 명성이 파묻히게 되었다. 거기다가 발언이 강경하고 지난 시대 학자들을 공박하였으므로 당시의 비방이 한 몸에 집중되었다. 그가 남긴 저서는 드디어 은폐되어 찾고 묻는 자가 드물었다.

그러나 공평한 마음으로 논평하건대 정밀한 뜻과 빼어난 해석이 뭇 학설의 숲속에서 뛰어났으니 삼한三韓 경학經學의 빛이라고 하겠다."

대진戴震(1724-1777)은 중국 청나라 때의 저명한 학자로 양계초梁啓超와 호적胡適 등이 "청나라 전기 학자의 제1인" "중국 근대과학의 선구자"라고 극찬한 인물이다. 그런데 위당爲堂은 심대윤을 대진보다 한 수 위의 학자로 평가하였다.

그리고 성호 이익, 순암 안정복, 다산 정약용은 조선조 실학의 상징적인 인물들이다. 특히 정다산은 조선후기 실학을 집대성한 실학파의 대표적인 학자였다. 하지만 위당은 백운 심대윤을 다산 정약용과 함께 거론하며 심대윤을 가리켜 "삼한 경학의 빛이다."라고 하였다.

'빛'이라는 말은 그 의미가 매우 심장하다. '빛'은 그것이 지닌 물질적 정신적 가치가 매우 높은 어떤 대상을 한마디로 표현할 때 사용하는 극히 포괄적인 단어이다.

그래서 잃어버린 나라를 되찾은 것을 광복光復이라 하고 나라를 상징하는 문을 광화문光化門이라 하고 한 나라를 구경하는 것을 관광觀光이라고 하는 것이다. 따라서 "삼한 경학의 빛"이라는 말은 바꾸어 말하면 한국경학을 대표하는 상징적인 인물이라는 뜻이 되는 것이다.

한양조선은 성리학을 국시國是로 받아들여 정책적으로 유학을 권장한 이후 조야에서 연구가 활발하게 진행되어 경학經學 상에서 놀라울만한 성과를 이룩했으며 경학사經學史 상에 빛나는 별들이 하나둘에 그치는 것이 아니다.

특히 정약용은 육경사서六經四書에 대한 광범위한 주석서를 펴냈고 또 『경세유표』, 『목민심서』, 『흠흠신서』라는 1표 2서一表二書를 통해 사회개혁론을 제창한 가위 조선 경학의 빛이라고 말해도 손색이 없을만한 위대한 인물로 알려져 있다.

그런데 정인보는 어째서 다산과 백운을 함께 거론하며 일반인들에게는 그 이름조차 생소한 심대윤을 가리켜 "삼한 경학의 빛"이라고 말하였을까.

심대윤은 경학과 관련해서 『대학고정』, 『중용훈의』, 『논어강의』, 『시경집전변정』, 『서경채전변정』, 『주역상의점법』, 『예기정해』, 『춘추사전주소초선』, 『춘추사전속전』 등을 저술하여 육경과 사서에 대해 모두 주석서를 펴냈다. 여기에 유일하게 『맹자』가 안 보이는 것은 본래 저술이 있었는데 실전되었을 가능성이 높다고 본다.

이 밖에도 『의례정론』, 『좌국정론』, 『주례산정』, 『효경산정』, 『공자가어산정』 등 그의 경학 관련 저술은 유가의 『십삼경』을 거의 망라하고 있다.

그리고 심대윤은 법률관련 저서로서 『흠서박론』, 정치 법률 계통의 저서로서 『정법수록』과 자신의 사상적 이상을 담은 『복리전서』, 단군조선으로부터 고려말엽까지 한국의 역사를 서술한 『동사東史』 등을 남겼다. 정약용에게 『경세유표』, 『목민심서』, 『흠흠신서』의 1표 2서一表二書가 있었다면 심대윤에게는 『복리전서』, 『흠서박론』, 『정법수록』의 1서 1론 1록一書一論一錄이 있었던 것이다.

이상에서 살펴보면 경학과 관련해서 저술의 방대한 분량을 두고 말하더라도 백운이 다산에 별로 뒤지 않는다는 것을 알 수 있다. 그러나 위당 정인보가 백운을 "한국경학의 빛"으로 평가한 진정한 이유는 저서의 분량에 있지 않았을 것이다.

정다산은 한국의 실학을 대표하는 학자로서 그의 사상적 체계는 실용지학, 이용후생을 지향하여 기존의 정주 성리학性理學과 많은 차이를 나타낸 것은 사실이다.

그러나 실학은 결국 공맹유학 또는 성리학의 범주 안에서 사회개혁을 위한 실용, 실사적 관점과 논리를 제시한 것이고 유학과 성리학을 완전히 뛰어 넘어 새로운 체계를 구축한 것은 아니다.

다시 말하면 한국의 실학과 다산의 경학이 중국유학의 발전적 차원을 뛰어넘어 중국유학과 완전히 분리된 한국유학의 독창적 경지를 개척했다고 말하기는 어렵다.

그러나 백운은 달랐다. 우주와 인간의 본질을 논하는 태극과 심성의 문제로부터 행위의 규범인 충서론忠恕論에 이르기

까지 그의 이론체계는 송대 정주의 성리학性理學은 물론 춘추 전국시대 화하華夏 중심의 공맹 유학의 이론체계까지도 뛰어넘어 상고시대의 원시유학, 동이유학을 지향하고 있다.

심대윤의 경학은 일찍이 공맹 이래 중국의 유학사 상에서 한번도 다른 사람이 주장한 적이 없는 유일하게 삼한의 심대윤에 의해서 제창된 독창적인 경학이기 때문에 그래서 위당은 백운을 가리켜 "한국경학의 빛이다."라고 말했던 것이다.

예를 들어서 심대윤은 『중용훈의中庸訓義』의 「삼극도三極圖」에서 태극太極을 기氣로, 성性의 이해利害를 양의兩儀로 이해의 합일을 극極으로 설명했다. 동아시아 5,000년 역사상에서 음양이 아닌 이해를 양의로 해석하고 이해가 합일을 이루는 것을 도의 극치로 설명한 이런 이론들은 백운 이전에는 누구도 주장한 적이 없는 오직 그만의 독특한 이론체계이다. 아마도 이런 것이 위당이 백운을 "한국 경학의 빛"으로 평가한 진정한 이유일 것이다.

위당 정인보는 백운 심대윤을 귀로 들어서 피상적으로 안 것이 아니라 직접 그의 저술을 하나하나 펼쳐보면서 눈으로 확인했다. 정인보가 백운의 저술을 직접 읽었다는 것은 그가 백운의 저술을 읽고 나서 책머리에 그 감상을 적어둔 여러 기록들에서 확인할 수가 있다. "삼한 경학의 빛"이라는 정인보의 심대윤에 대한 평가는 공연한 과장이 아니라 그의 진심에서 우러나온 경탄에 찬 표현이었던 것이다.

2) 성리학性利學의 창시자

유교는 수천년 동안 동양의 정신세계를 이끌어온 핵심사상인데 그 중심인물은 공맹과 정주로 대표된다. 그러나 공맹 유학과 정주 유학은 그것이 추구하는 본질적인 측면에서는 같지만 그 내용면에서 본다면 상당한 차이를 발견할 수 있다.

공맹 유학은 효제, 충서를 중심으로 인간이 어떻게 살아야 하는가를 심층적으로 논의한 윤리중심의 실천유학이라면 정주 유학은 성명性命과 이기理氣를 바탕으로 인간이 어떤 존재인가를 본격적으로 다룬 사변유학이기 때문이다. 그래서 공맹 유학을 원유학, 정주 유학을 신유학이라 구분하기도 한다.

사실 공자는 인간의 본성에 대하여 언급한 내용은 별로 많지 않다. 『논어』를 살펴보면 "사람은 성품으로 보면 서로 가까운 존재이만 습관에 따라 서로 멀어진다.(性相近也 習相遠也)"라는 지극히 원론적인 언급을 하였을 뿐이고 그 나머지는 주로 인간에 대한 당위적 도리를 언급한 내용들로 채워져 있다.

그러니까 공자는 인간의 본성이 선하다거나 또는 악하다고 주장한 일이 없었는데 전국시대에 이르러 맹자는 인간의 본성이 선하다는 성선론을 주장하고 순자는 인간의 본성이 악하다는 성악론을 제기하여 두 학설이 서로 대립하게 된 것이다.

그러나 맹자와 순자는 인간 본성의 선악을 두고 논의를 전개했을 뿐 그 성이 이理에 속하는 것이냐 아니면 기氣에 속하는 것이냐 하는 이기理氣 문제를 구체적으로 언급한 사실은 없다.

그러다가 송나라 시대에 이르러 인간의 당위론적 윤리중심의 공맹 유교는, 한나라 명제 때 인도에서 도입되어 수, 당시대에 전성한, 우주와 인생을 과거, 현재, 미래를 통해 거시적으로 관조하며 고도의 논리적 체계를 갖춘 불교에 대응하기 위해서 새로운 철학적 사유체계를 갖추는 일이 절실히 필요하게 되었다.

이에 도교와 불교의 논리적 체계를 일부 수용하면서 유교의 우주관, 인생관, 세계관을 철학적으로 새롭게 재정립한 것이 정주의 성명이기지학性命理氣之學이고 이를 줄여서 성리학性理學이라고 말하는 것이다.

주자는 『중용中庸』의 첫 머리에 나오는 "천명지위성天命之謂性"의 "성性"자에 대해 설명하면서 "성 즉 이야性 卽理也"라고 하였다. 주자가 여기서 말하는 "성 즉 이性卽理"란 무엇을 의미하는 것인가?

주자는 이 우주는 리와 기라는 두 가지 요소로 구성되어 있다고 보았다. 그래서 그는 다음과 같이 말했다. "천지의 사이에는 리가 있고 기가 있다…… 사람이나 만물이 태어날 때는 반드시 이 리를 받은 연후에 성이 있고 반드시 이 기를 받은 연후에 형체가 있다.(天地之間 有理有氣…… 是以人物之生 必稟此理 然後有性 必稟此氣 然後有形)〈『주자대전』 권58,「답황도부서答黃道夫書」〉

이것이 정주 학파가 "성 즉 이性卽理" 즉 성리학을 주창하게 된 이론적 배경이다. 인간의 욕망과 천리를 구분하여 천리가 인간의 본성이라고 보고 천리를 보존하고 욕망을 배격하자는 것이 성리학이 주장하는 핵심논리로서 그런 점에서 정주의 성리학은 맹자의 성선설을 계승하고 있다고 할 수 있다.

정주가 성리학性理學을 주장한 것과 달리 심대윤은 성리학性利學을 제창했다. 그가 제창한 성리학性利學의 논리를 인용하면 다음과 같다.

"사람이 하늘과 땅의 기운을 받아서 본성이 되는데 이를 욕구라고 한다. 인간의 욕구에는 두 가지가 있는데 이익을 좋아하는 것과 명예를 좋아하는 것이다.

사람이 처음 태어나면 입술을 빨면서 먹을 것을 요구한다. 이것이 이익의 시작이다. 무릇 인간이 이익을 추구하는 까닭은 음식을 본위로 시작된 것이다. 만일 음식이 없었다면 사람이 이익을 추구하는 자가 없을 것이다.

어린 아이가 지각이 생기면 칭찬해주면 좋아하고 꾸짖으면 울음을 터뜨린다. 이것이 명예의 시작이다. 인간이 무릇 명예를 위하는 까닭은 다 칭찬을 본위로 하여 출발한다. 만일 칭찬함이 없었다면 사람은 명예를 구하는 자가 없을 것이다.

인간이 이익을 좋아하고 명예를 좋아하는 것은 바로 천성이며 인간의 노력으로 바꿀 수 있는 것이 아니다." 〈『심대윤전집』 1, 「복리전서」, P135〉

그러니까 심대윤은 "성 즉 이性卽理" 즉 "인간의 본성은 천리이다." 가 아니라 "성 즉 이性卽利" 즉 "이익을 좋아하는 것이 인간의 본성이다."라고 주장한 것이다.

공자는 『논어』에서 "군자는 의리에 밝고 소인은 이익에 밝다."〈이인편〉 "이익에 의지하여 행동하면 원망을 많이 사게 된다."〈이인편〉 "이익을 보면 의리를 생각하라."〈헌문편〉고 하였다.

맹자는 양혜왕이 "우리나라를 어떻게 이롭게 할 수 있겠는가."라고 묻자 "하필이면 이익을 이야기하는가."라고 말하며 거부반응을 나타냈다.

의리를 중시하고 이익을 경시하는 것이 공맹의 유가사상이며 천리와 인욕人欲으로 구분하여 인욕을 배격하고 천리를 추구하는 것이 정주의 성리학이다.

그러면 심대윤이 기존의 공맹 유학이나 정주의 성리학과 완전히 180도로 차원을 달리하는 인욕학人欲學, 성리학性利學을 제창한 근거는 무엇인가? 심대윤은 그 근거를 다음과 같이 『서경書經』에 두고 있다.

"『서경』에 말하기를 '하늘이 백성을 내시니 태생적으로 욕구를 지니고 태어났다'라고 하였으니 인간의 욕구란 천명의 성인 것이다.(書云 天生民有欲 欲者天命之性也)"〈『심대윤전집』1,「복리전서」, p134〉

심대윤이 자신이 주장한 성리학性利學의 논리적 근거로 제시한 "모든 인간은 천성적으로 본래 욕구를 지니고 태어난다."라는 기록은 『서경』의 「중훼지고편」에 나온다.

"모든 인간은 천부적으로 욕구를 지니고 태어난다. 그러므로 지도자가 없으면 이들은 혼란에 빠지고 만다. 그래서 하늘이 현명한 지도자를 탄생시켜 이들을 혼란에 빠지지 않도록 인도한다."라는 것이 「중훼지고편」에 담긴 내용이다.

심대윤이 성리학性利學을 주장하면서 그 사상적 근거를 서주西周이전 상商나라 탕湯임금시대에 저술된 『서경書經』「중훼지고」에서 찾은 것을 본다면 그의 사상적 체계는 정주의 성리학性理學 뿐만 아니라 공맹 유학까지도 뛰어 넘어 근본유학,

원시유학에 그 연원을 두고 있었다는 사실을 알 수 있다.

공맹이 인간의 도덕적 윤리를 강조한 인의仁義의 제창자요 정주가 인간은 지고 무상의 천리에 기초한 본성을 지닌 존재라는 점을 주장한 성리학性理學의 창시자라면 심대윤은 인간은 천성적으로 이익을 좋아하는 욕구를 지닌 존재라는 점을 설파한 성리학性利學의 창시자인 것이다.

3) 동양의 아담 스미스

동양의 수천년 역사상에서 볼 때 성선설, 성악설, 성리학, 심학, 기학 등 인간의 본성과 관련하여 여러 가지 다양한 학설과 사상이 출현했지만 그러나 인간은 천성적으로 이익을 좋아하는 존재라는 성리학性利學을 논리적으로 전개한 것은 심대윤의 사상이 유일하다.

동양의 사상은 유, 불, 도 삼교로 대표된다. 기타 제자백가의 사상이 있었지만 그들은 일시적으로 힘을 발휘하는데 그쳤으며 사회의 지배사상으로 정착되지 못했다.

그리고 유, 불, 도 삼교사상 가운데서도 특히 장구한 시일에 걸쳐 중국역사를 주도해온 사상은 유교상이라고 말할 수 있다. 위진시대에 도교의 현학사상이 잠시 지배하고 수당시대에 불교사상이 일시적으로 지배력을 행사한 것을 제외하면 그 나머지 수천년 동안 거의 유교가 주도해 왔다고 해도 과언이 아니기 때문이다.

우리나라는 한양조선의 개국과 함께 정주의 성리학性理學을 국시로 설정하여 사회적으로 학문적인 자유가 허용되지 않았다. 이런 학문의 폐쇄적인 환경 속에서 성리학性理學을 뛰어넘은 새로운 학풍의 출현은 기대하기가 어려웠다.

한양조선 후기에 실학사상이 대두되었다고 하지만 사실은 유학, 성리학이라는 기존의 내용물은 대부분 그대로 남겨둔 채 포장만 바꾼 것일 뿐 본질적인 변화를 실현한 것은 아니다.

다시 말하면 기존의 낡은 체제를 헐어버리고 새롭게 건축한 것이 아니라 본래의 틀은 그대로 유지한 채 리모델링만 다시 한 것으로서 성리학을 국시로 출발한 한양조선 왕조가 유지 존속되는 한 구조적으로 그것이 불가능한 일이었을 수도 있다.

이런 정치적, 사회적으로 닫힌 환경 속에서 기존의 성리학性理學이라는 학문의 벽을 과감히 깨고 밖으로 나와 천리天理가 아닌 인간의 욕망, 의리가 아닌 이익을 바탕으로 인간의 본질을 바라보고 이 욕망과 이익을 어떻게 상충되지 않게 조절하고 완성시켜 궁극적으로 모두가 행복한 복리사회福利社會를 구현할 것인가를 고민하고 그 대안을 제시한 것이 심대윤의 사상이다.

따라서 심대윤은 당시 한양조선조 사회에서 반항아, 이단아로 낙인찍혀서 매도되고 매장될 수 밖에 없는 숙명을 안고 있었다. 그래서 그는 살아 생전에 빛을 볼 수 없었을 뿐만 아니라 그가 남긴 저술 또한 조선이 망한 다음에야 겨우 세상에 얼굴을 내밀고 빛을 볼 수 있게 되었다.

그러나 서구에서는 14~15세기에 벌써 지중해 연안 성시를 중심으로 희미하게나마 자본주의의 싹이 발아되기 시작하였다. 네덜란드는 16세기 말, 영국은 17세기 중엽, 프랑스는 18세기 말엽, 독일과 기타 국가들은 19세기 중엽에 봉건제도가 붕괴되고 자본주의제도로 전환되었다.

자본주의는 자유경제를 지향한다. 자본주의는 시장경제와 동의어이다. 1776년에 아담 스미스는 인간의 욕망을 긍정하고 사리추구를 정당화하고 자본을 증가시키고 효율을 극대화시키는 경제자유주의 이론을 체계화시켜 『국부론』을 출판함으로써 자본주의 이론의 기초를 닦았다.

그러나 이때 한양조선을 비롯하여 동양의 국가들은 아직도 봉건사회의 틀 속에 그대로 안주하며 깨어나지 못하고 있었다. 이때 한양조선과 같은 폐쇄적인 사회에 태어나서 천리가 아닌 욕구와 도덕이 아닌 이익추구를 인간 본연의 천성으로 간주하고 이를 조절하고 완성시켜 물질적 풍요와 도덕적 가치가 공존하는 복리사회福利社會를 구현시키는 성리학性利學을 제창한 심대윤은 바로 동양의 아담 스미스라고 하여 지나친 말이 아닐 것이다.

이때 한양조선 정부가 만일 정주의 성리학性理學이라는 구시대적 낡은 틀에서 벗어나 심대윤의 선진적인 성리학性利學 사고를 수용하여 봉건주의적 체제를 복리주의적福利主義的 체제로 변환 하였더라면 우리가 일본보다 훨씬 앞서서 근대화를 실현, 부강한 나라를 이룩했을 것이고 당연히 일본에 의해 나라가 패망하는 불행한 일도 일어나지 않았을 것이다.

4) 세계 최초의 삼리사상三利思想, 복리주의福利主義 이론 제창자

심대윤은 인간의 욕망을 인정하고 이익추구를 인간의 천성으로 규정한다는 점에서 인의를 존중하고 이익을 경시하는 공맹 유학, 인간욕망을 배격하고 천리를 중시하는 정주 성리학과 차원을 달리하고 시장경제와 사리추구, 효율을 중시하는 자본주의 이론과 공통분모가 많아 보인다.

아담 스미스가 1776년 『국부론』을 출판하고 나서 약 근 100

년 후 심대윤이 1862년 그의 나이 57세 때 편찬한 『복리전서』에서 이런 그의 자본주의적 관점들을 살펴볼 수 있다.

그러나 심대윤의 복리주의 이론과 아담 스미스의 자본주의 이론이 그 내용적으로 일치한다고 보기는 어렵다. 한마디로 말하면 본론은 같지만 각론은 다르다고 말할 수 있다.

"개인이나 또는 회사가 자본을 소유하는 경제체제로서 개인의 결정에 따라 투자를 진행하고 국가의 간섭을 최소화하며 가격, 생산, 상품소비가 주요하게 모두 자유시장에 의해서 결정되는 제도" 이것이 자본주의에 대한 사전적 정의이다.

자본주의의 사전적 정의에 보이는 바와 같이 자본주의에서는 개인의 자유와 시장이 강조된 반면 인간의 도리와 사회적 책임에 대한 부분이 간과 되어 있다.

아담 스미스는 『국부론』에서 "인간은 개인 이익의 추구를 통해서 보다 유효하게 이 사회를 제고시킬 수 있다. 나는 종래로 어떤 공공이익을 위해서 무역에 간여하는 사람치고 바람직한 결과를 달성한 경우를 본적이 없다."라고 말하였다.

자본주의의 아버지로 불리는 아담 스미스가 인간의 이기적인 행위가 공공이익을 가장한 이타주의보다 훨씬 더 유효하다고 공개적으로 찬양한 것이다.

개인의 사리에 대한 추구는 자본주의에서 결여될 수 없는 부분이다. 자본주의의 논리는 공공의 이익보다 개인의 이익, 다수의 이익보다 소수의 이익을 창출하는 행위를 반대하지 않는다.

개인의 이익추구를 중시하는 자본주의 논리에서는 어떤 회사의 운영에서 사회적 책임은 강조되지 않는다. 회사를 운영하는 과정에서 유일한 책임은 사원들을 위하여 이윤을 증가시키는 것일 뿐이다.

이윤을 추구하는 동시에 그 과정에서 사기행위만 하지 않으면 그것으로 이 사회를 위한 책무를 다 한 것으로 간주하며 사회공동체나 공공의 이익을 위한 어떤 노력도 요구하지 않는 것이다.

그러나 심대윤이 제창한 복리주의는 개인의 이윤추구를 본질로 하는 자본주의와 다르다. 심대윤은 인간은 본질적으로 이익을 좋아하는 호리적好利的인 존재라는 사실은 인정한다.

그러나 모두가 개인의 이익을 추구하기 위해 경쟁하는 쟁리爭利를 반대하고 모두가 함께 이익을 공유하는 동리同利를 추구할 것을 강조한다. 그가 주장하는 내용을 요약하면 이러하다.

"개인의 이익을 가지고 다투는 쟁리爭利는 이익을 함께 공유하는 동리同利만 같지 못하다. 이익은 혼자 차지하려고 다투면 그 이익을 상실하게 되고 함께 나누면 그 이익을 온전히 누릴 수가 있다.

그러므로 이익을 잘 추구하는 사람은 먼저 불리한 조건을 선택해서 결과적으로 이익을 취득한다. 인간이 누구나 이익을 좋아하는데서 출발하지만 자기이익만을 내세우지 않고 중간에 불리한 조건을 선택하면 역으로 자신에게 이익이 돌아오게 된다.

때로는 이익 될 것 같은 일이 불리를 가져다주기도 하고 불리할 것 같은 일이 반대로 이익을 가져다주기도 하기 때문에 이로움과 불리함 이 양자가 일치를 이루도록 하는 것이 진정으로 이익을 완성하는 길이다.〈『심대윤전집』1,「복리전서」, P136〉

세상은 자기 혼자서 이익을 독점할 수 없고 그렇다고 항상 손해만 보고 살 수도 없는 노릇이다. 그렇다면 어떻게 해야 되는가. 때로는 이익을 취하기도 하지만 때로는 한발 물러서서 이익을 양보하기도 하면서 이익과 불리가 서로 일치를 이루고 호리好利와 불리不利가 적절히 조화를 이루도록 하여 어느 한 개인이나 한 집단만 이롭지 않고 모두가 함께 이익을 공유하는 동리同利를 실현해야 한다. 이것이 심대윤이 쟁리爭利를 반대하고 동리同利를 주장하는 이론적 배경인 것이다.

그러면 모든 인간이 천성적으로 호리好利 즉 이익을 좋아하는데 현실사회에서 어떻게 하면 이익을 가지고 서로 다투는 쟁리爭利 현상을 발생시키지 않고 모든 사람이 이익을 함께 나누는 이상적인 동리同利의 세계를 실현할 수 있을 것인가.

심대윤은 그 방법론으로서 충서忠恕를 제시했다. 충서는 유가사상의 기본덕목으로 주자는 충서를 "자기 자신을 다 하는 것을 충, 자기 자신을 미루어 남에게 미치는 것을 서라 한다.(盡己之謂忠 推己之謂恕)"〈『논어』「이인편」 주석〉라고 설명했다. 그러나 주자의 설명은 다분히 추상적이고 현실감이 떨어진다.

심대윤이 동리同利의 방법론으로서 설명한 충서란 이런 것이다. "자신의 욕구 중에 자기가 원하지 않는 것은 남에게도 이를 베풀지 않는 것을 서라 하고 자신의 욕구 중에 자기가 원하는 것은 남에게도 이를 확대해 나가는 것을 충이라고 한다."(己所不欲 勿施於人曰恕 己之所欲 推之於人曰忠)"라는 것이다.〈『심대윤전집』1, 「복리전서」, P136〉

심대윤이 말하는 충과 서는 기존의 성리학자들이 주장하는 개념과는 근본적으로 차원을 달리한다. 심대윤은 인간을 기본적으로 천리가 아닌 욕망을 지닌 존재로 규정하고 그 욕망을 구현하는 방법론으로서 충서를 제시했다.

"자기가 이루고자 하는 욕망이 있으면 그것을 자기 혼자서 즐기지 말고 자기가 원하는 것 자기가 좋은 것을 남과 더불어 함께 누리는 것이 충이요 그리고 자기가 경험해 보아서 원치 않는 것이 있으면 그것은 남에게 시행하지 않는 것이 서이다."라는 심대윤의 논리는 천성적으로 욕망을 가지고 태어난 인간이 어떻게 하면 세상을 이웃과 더불어 행복하게 살아갈 수 있는가의 방법론을 간단명료하게 두 글자로 요약해서 보여준다.

그리고 그는 이어서 충서에 대해 좀더 구체적으로 다음과 같이 설명한다. "사람은 누구나 자기에게 덕을 베푸는 것을 좋아하고 해를 끼치는 것을 싫어한다. 그런데 지혜가 가리어 밝음이 비치질 않기 때문에 항상 혈기의 사욕에 따라 움직이고 돌이켜 생각할 줄 모른다.

그래서 오직 자신의 이해만 따지고 남의 이해는 아랑곳하지 않으며 오직 자기의 좋아하고 싫어하는 것만을 믿고 남이 좋아하고 싫어하는 것은 헤아리지 않는다. 그래서 자기의 사리만을 취하고 다른 사람과 공유하지 못하는 것이다.

충서의 도란 자기의 마음으로 남의 마음을 헤아리고 자기의 감정으로 남의 감정을 헤아리는 것이다. ……내 마음에 좋고 즐거운 것이 있으면 사람과 나눌 것을 생각하고 내 마음에 걱정스럽고 고통스럽게 여겨지는 부분은 다른 사람도 동일할 것이니 어떻게 하면 구제할 수 있을 것인지 생각해야 한다.

사람의 마음은 그다지 별 차이가 없다. 저 사람 마음이나

내 마음이나 동일하다. ……남의 마음을 알아주기를 나의 마음을 알아주는 것처럼 하고 남을 위해 일을 도모하기를 나를 위한 일을 하는 것처럼 하는 것 이것을 충서라고 한다." 〈『심대윤전집』 1, 「복리전서」, p136〉

자기가 실현하기를 요망하는 욕구를 자기 혼자서 구현하지 않고 이웃과 함께 구현하는 충과 자기가 경험을 통해서 원하지 않는 것이라면 그것을 남에게 전가하여 요구하지 않는 서, 심대윤은 이 두 가지 방법론을 통해서 인간이 이익을 좋아하되 그것을 서로 차지하기 위해 다투는 쟁리爭利가 아닌 모두가 함께 누리는 동리同利의 세계를 구현할 수 있다고 믿었던 것이다.

그러나 이해는 서로 상충되는 것이다. 하나가 이로우면 다른 하나가 해롭고 둘 다 이로울 수가 없는 것이 이해관계이다. 그러면 상충되는 이 양자를 어떻게 슬기롭게 조절하여 함께 향유하는 동리同利를 가능하게 할 것인가. 심대윤은 다음 문장에서 동리同利의 방법론을 좀 더 구체적으로 언급한 것을 볼 수 있다.

"이익이라고 하는 것은 남에게 이로우면 나에게는 해롭고 나에게 이로우면 남에게는 해로워서 양쪽이 다 좋을 수가 없다. 그러면 어떻게 해야만 이익을 함께 나누는 동리同利를 구현할 수 있을 것인가.

나와 남이 모두 이로운 일이 있으면 빨리하고 나에게 이로운데 남에게 해가 되지 않고 남에게 이로운데 나에게 해가 되지 않는 일은 빨리 하고 나에게 이로움은 많은데 남에게 끼치는 피해는 적거나 남에게 이로움은 많은데 나에게 미치는 피해는 적은 경우는 그런 일도 역시 한다. 하지만 나에게는 이로운데 남에게는 몹시 해롭거나 남에게는 이로운데 나에게는 몹시 해로운 일은 할 수가 없다. 남과 나의 사이에서 저울질을 잘 하여 어느 한 쪽에 치우치지 않도록 하는 것이 바로 이익을 함께 누리는 동리同利의 지극히 공정한 도리이다."〈『심대윤전집』1,「복리전서」, P136〉

성리학적性理學的인 관점에서 본다면 선비가 이익을 입에 올린다는 것 자체가 수치스러운 일이기 때문에 한양조선 왕조의 선비들은 이익을 논하기를 꺼렸다.

유일하게 율곡 이이가 이익문제를 거론하며 시비와 이해의 균형과 조화를 강조하였다. 그러나 율곡은 원론적인 차원에서 이익문제를 언급하였을 뿐 구체적인 이론이 없었다.

심대윤은 여기서 상충되는 이해문제를 가지고 어떻게 하면 쌍방이 서로 이익을 공유하면서 양자 간에 균형을 이룰 수 있는가 하는 문제를 아주 구체적으로 설명하고 있다.

한양조선 500년 역사를 통틀어서 이익의 문제를 학문의 중심적인 문제로 다루고 또 그 상충되는 이해가 어떻게 하면 상호 균형과 조화를 이루면서 함께 이익을 공유하는 동리同利의 세계에 도달할 수 있는가 하는 구체적인 방법론을 제시한 것은 아마도 심대윤의 경우가 유일할 것이다.

그러면 심대윤이 천성적으로 이익을 좋아하는 호리적好利的 존재인 인류가 이익을 함께 누리는 동리同利를 통해서 궁극적으로 달성하기를 원했던 최종 목표는 무엇이었는가. 그것은 바로 복리福利, 즉 행복과 이익으로 충만한 복리사회福利社會였다.

백운은 『복리전서』의 서문에서 "천하만세의 백성들이 모두 함께 행복과 이익을 누리고 재앙에서 벗어나기를 염원하는 생각에서 책 이름을 『복리전서』라 붙였다."라고 말했다.

그가 주장하는 호리好利, 동리同利의 이론체계는 궁극적으로 인생과 사회를 행복과 이익이 넘치는 보리福利사회로 구현시키려는 삼리사상三利思想, 복리주의福利主義로 귀결된다.

『후한서後漢書』「중장통전仲長統傳」에 "복리"라는 용어가 최초로 다음과 같이 나온다 "간인姦人 천무궁지복리擅無窮之福利" 그러나 여기서 말하는 복리는 단순히 '복'자와 '이'자를 결합하여 복리라는 용어를 하나의 단어로 사용하였을 뿐 심대윤처럼 복리에 대한 이론을 전개한 것은 아니다.

심대윤이 한양조선 후기에 『복리전서』를 저술하여 인생과 사회의 복리문제에 대해 이론적으로 체계화한 한참 뒤에 서구에서는 비로소 사회복지가 요구하는 목표치에 대해서 사회경제가 얼마나 달성하고 있는지 또 그 정도는 어떠한지를 연구하는 경제학이 나왔다.

다시 말하면 서구에서는 경제현상이 어떻게 발생하는가 만을 연구의 대상으로 삼던 과거의 경제학에서 사회의 소외계층에 대해서도 관심을 갖는 복지경제학이 심대윤이 복리주의를 제창한 이후에 출현하였다.

따라서 심대윤은 동서양을 통틀어서 세계 최초로 삼리사상三利思想, 복리주의福利主義 이론을 체계화하고 제창한 위대한 인물이라고 할 수 있다.

3
자본주의 이후의 사회와 심대윤의 사상

1) 위기에 빠진 현대 자본주의

1991년 공산권 국가를 대표하는 소련이 붕괴되어 냉전이 종식되고 중국을 위시한 공산권국가와 개발도상국들이 잇따라 자본주의 시장경제를 받아드려 앞 다퉈 체제개혁에 나설 때 자본주의와 공산주의 간 체제 경쟁은 자본주의의 최종 승리로 막을 내렸다.

그러나 지금 선진 자본주의 체제의 양 날개였던 미국과 유럽은 경제 시스템의 한계를 드러내고 있다 세계경제의 심장부인 뉴욕에서 시작된 '월가를 점령하라(Occupy the wall Street)'와 같은 반자본주의 시민 저항운동은 최근 전 세계적으로 확산됐다.

세계경제포럼(WEF) 창립자 클라우스 슈밥 회장은 자본주의 시장경제의 전도사로 알려진 인물이다. 그는 "지금 철지난 (자본주의) 시스템이 우리를 위기로 내몰았다."며 "단순한 시스템

정비가 아니라 새로운 모델이 필요하다." "시대에 맞지 않는 고장 난 모델로 문제를 해결하려 하면 상황만 더 악화시킨다."고 외치고 있다.

그러면 오늘의 자본주의 체제에 위기를 몰고 온 근본 원인은 무엇인가. 소로스펀드의 조지 소로스 회장은 "1980년대 초 로널드 레이건 미국대통령과 마거릿 대처 영국총리의 등장 이후 모든 걸 돈으로 계산하려는 자유방임형 자본주의 체제가 대세가 되면서 자본주의 시스템에 위기가 온 것이다."라고 진단했다. 그리고 그는 "자본주의의 위기를 해결하지 못하면 민주주의 위기로까지 확대될 수 있다."고 경고하고 나섰다.

영국 파이낸셜타임스(FT)의 칼럼니스트 존 플렌더는 이번 자본주의의 위기는 '불평등'에서 비롯된 좌절감에 뿌리를 두고 있다고 분석했다. 그는 현재의 위기는 자본주의가 세계경제를 지속시킬 패러다임으로서 수명이 다한 것이라기보다는 운용상의 문제로 인해 부정적인 측면이 지나치게 확대된데 따른 것이라고 분석했다. 로렌스 섬머스 하버드대 교수는 현재 자본주의의 문제는 파괴가 아니라 스마트한 개혁이 필요하다고 주문했다.

세계석학들이 현대자본주의가 위기에 빠져 있다고 진단하는 시각은 대체로 동일하다. 다만 위기를 초래한 근원에 대한 시각은 서로 간에 차이를 보이고 있다.

조지 소로스는 모든 걸 돈으로 계산하려는 자유방임형 자본주의 체제가 오늘의 자본주의의 위기를 불러온 원인이라고 보았다. 자유방임형 신자유주의 체제가 안고 있는 본질적인 모순을 지적한 것이다.

그러나 존 플렌더는 오늘 자본주의의 위기가 본질적인 문제라기보다는 부정적인 측면이 지나치게 확대된데 따른 운용상의 문제라고 진단하였다.

클라우스 슈밥 회장은 현 자본주의 시스템은 수명이 다 해서 새로운 모델이 요구된다고 보았고 로렌스 섬머스 교수는 자본주의가 수명이 다한 게 아니라 수리해서 사용하면 된다고 하였다.

2) 자본주의 이후의 사회

오늘 자본주의를 위기에 빠뜨린 것이 본질상의 문제인가 아니면 운용상의 문제인가. 자본주의를 폐기하고 다른 새로운 모델을 찾아야할 만큼 위기가 심각한 것인가, 아니면 결함이 있는 부분만 고쳐서 다시 쓰면 별문제가 없는 경미한 위기인가.

관점에 따라서 진단이 다르고 논의가 갈리지만 자본주의의 위기를 모두가 공감하고 있다는 사실에 있어서는 차이가 없다고 본다. 그러면 이제 우리는 자본주의의 새로운 미래, 즉 자본주의 이후의 사회를 어떻게 설계하고 건설할 것인지를 심각하게 검토하고 고민해야할 시점에 도달해 있다는 사실에 이의를 제기할 사람은 없을 것이다.

엘빈 토플러의 『제3의 물결』, 심백강의 『제3의 사상』 등 21세기 새천년을 앞둔 시점에서 새로운 패러다임에 대한 논의가 전개되었다. 그런데 자본주의 이후의 사회에 주목하며 급변하는 세계경제에 대한 다각적인 분석을 통해 자본주의 이후의 새로운 세계의 변화를 통찰한 인물은 피터 드러커였다.

오스트리아 빈 출신의 미국인 경영학자 피터 드러커는 민영화와 분권화, 정보화 사회의 발현과 평생교육의 필요성 등 20세기 후반의 많은 변화들을 예측하였다.

현대 경영학의 대가로 일컬어지는 그는 30여권에 달하는 경영관련 저서를 통해 미래의 조직과 사회의 변화, 그에 대한 전략과 비전을 제시했다.

만년의 그는 다음 세대 경영에서의 지식 생산성에 대해 고찰하며 『자본주의 이후의 사회』(1993), 『자본주의 이후 사회의 지식경영자』(1998), 『21세기 지식 경영』(1999) 등과 같은 저술을 통해 자본주의 이후의 사회가 지식사회로 전환된다고 주장하였다.

피터 드러커는 자본주의 사회가 21세기에 지식경영, 지식사회로 변모된다는 사실을 간파했다. 그러나 그는 자본주의의 결함에 대하여 직시하지 못했고 21세기 지식 자본주의가 결국은 오늘날과 같은 위기에 봉착하게 될 것이라는 사실은 예견하지 못했다.

피터 드러커는 극에 달한 시장 만능과 탐욕으로 가득한 무한 경쟁은 최상위 1% 계층이 경제성장의 과실을 대부분 독차지하는 극단적 승자독식의 현상을 초래하고, 자본주의의 치명적 결함인 부의 불평등한 분배, 빈부격차, 양극화의 부작용은 결국 자본주의를 파국으로 몰아갈 것이라는 사실을 예측하지 못하였던 것이다.

세계적인 경제평론가 아나톨 칼레츠키는 최근 자본주의 4.0 이론을 제시하여 큰 반향을 불러일으켰다. 자본주의 4.0은 자유방임의 고전자본주의(1.0), 정부역할을 강조한 1930년대 수정자본주의(2.0), 1970년대 말부터 시장의 자율과 무한 경쟁을 강조한 신자유주의(3.0)에 이어 2008년 9월 15일 리먼 브라더스의 파산과 함께 불어 닥친 글로벌 금융위기를 계기로 모색되고 있는 새로운 패러다임의 자본주의를 말한다.

자본주의 4.0은 소프트웨어 버전처럼 자본주의를 진화단계에 따라 숫자를 붙일 때 4번째에 해당하는 자본주의라는 뜻이다.

자본주의 4.0은 2008년 가을에 붕괴된 글로벌 자본주의를 계기로 미국 주도의 민주적 자본주의가 소련의 공산주의처럼 붕괴되는 것이 아니라 변화하는 환경에 적합한 새로운 버전이 등장하여 이전의 형태를 대체하는 새로운 형태의 자본주의가 창조된다는 논리이다.

그러나 『자본주의 4.0』의 저자가 "이 책에서 이러한 재탄생 과정을 설명하고 새로운 자본주의 시스템의 몇 가지 핵심적인 특징들을 밝히려고 한다."라고 머리말에서 설명하고 있는 것처럼 『자본주의 4.0』은 현대 자본주의의 위기를 시스템의 문제로 진단하고 그 시스템을 어떻게 바꿀 것인지를 논의하고 있다.

그런데 자본주의 4.0이 간과하고 있는 것이 있다. 그것은 오늘의 자본주의의 위기는 단순히 시스템의 문제가 아니라 그것을 운용하는 주체인 인간의 문제, 철학의 문제가 보다 본질적인 요인이라는 것이다.

성군 세종의 시대와 폭군 연산의 시대가 시스템 상에서 보면 바뀐 게 없다. 하지만 똑 같은 시스템을 가지고도 연산이 다스리면 혼란한 시대가 되고 세종이 다스리면 태평성대가 된다.

좋은 시스템이 저절로 좋은 세상을 만드는 것이 아니라 좋은 시스템을 잘 운용하는 인간에 의해서 그것이 가능해진다는 사실을 세종대왕과 연산군의 경우가 잘 설명해준다.

위기에 빠진 오늘의 자본주의가 앞으로 새로운 비전의 자본주의로 재탄생, 재창조되기 위해서는 시스템의 개혁과 함께 자본주의의 아버지 아담 스미스에 의해서 공리보다 사리의 추구가 공공연히 더 강조된 이런 자본주의 정신부터 개혁해야 한다.

심대윤에 의하면 인간은 이익을 좋아하는 욕망을 천성적으로 타고난 존재이다. 그런데 거기다대고 개인의 사리를 추구하는 것이 보다 바람직한 세상을 만든다고 부추긴다면 결과적으로 탐욕 자본주의로 빠져 오늘날과 같은 승자독식의 양극화 현상을 가져오는 것은 너무나 당연한 결과인 것이다.

그러므로 공리보다 사리의 추구를 더 강조하는 잘못된 자본주의 정신과 철학은 그대로 놓아둔 채 문제를 일으킨 시스템만을 고치다면 어느 시기에 가면 그 시스템은 다시 고장을 일으켜 못쓰게 되고 새로운 제2, 제3의 위기로 이어질 수밖에 없는 것이다. 따라서 『자본주의 4.0』식의 시스템만을 고치는 처방은 일시적인 대증 요법은 될 수 있어도 근본적인 대안은 될 수가 없는 것이다.

3) 자본주의 이후의 사회와 심대윤의 성리학性利學

도덕과 경제는 사회를 유지하는 두 축이다 동양의 유, 불, 도 삼교는 도덕으로 상징되는 반면 서구의 현대 자본주의는 경제로 상징된다. 도덕을 최고의 가치로 신봉하는 동양사상과 경제를 최고의 목표로 추구하는 서구 자본주의는 평행선을 달리는 쌍두마차와 같아서 서로 접합점을 찾기가 쉽지 않다.

심대윤은 동양의 5,000년 역사상에서 유일하게 성리학性利學을 창시한 인물이다. 의義와 이利를 나누어 의義를 존중하고 이利를 경시한 것이 공맹 유학이고 이理와 이利로 구분하여 이익을 배격하고 천리를 추구한 것이 정주의 성리학性理學이다.

심대윤의 성리학性利學은 인간의 욕망을 천명天命으로 인정하고 인간의 이익을 추구하는 속성을 천성으로 간주한다는 점에서 이윤 창출을 인간의 최고 목표로 설정하고 경쟁을 통한 경제발전을 도모하는 자본주의 체제와 상당한 근사치를 발견한다.

심대윤의 성리학性利學은 그 기본 방향에서 자본주의와 크게 이질적이지 않고 상호 충돌적인 요소가 적다는 점에서 자본주의 이후의 사회에 새로운 패러다임을 모색하는데 있어 다른 동양의 사상에 비해 좋은 소재가 될 수 있다.

4) 자본주의 이후의 사회와 심대윤의 삼리사상三利思想

인간의 욕망을 천명으로 인정하고 이익을 추구하는 속성을 인간의 천성으로 간주한 심대윤의 사상은 정주의 성리학적 입장에서 본다면 파격을 넘어 반역에 가까운 것이며 오히려 현대 자본주의 이론체계와 더 가깝게 느껴지는 것이 사실이다.

그러나 심대윤의 성리학性利學이 정주의 성리학性理學과 달리 인간의 욕망과 이익을 부정하지 않고 이를 긍정한다는 원론적인 측면에서 현대 자본주의와 상통하는 것이 사실이지만 그것을 추구하는 방법론상에서는 서로 상당한 차이를 보이고 있다.

예를 들어 심대윤은 호리好利, 동리同利, 복리福利의 삼리사상三利思想을 제창하였다. 인간이 이익을 좋아하는 것 즉 호리好利는 인간의 천성으로서 이는 회피하거나 거부해야할 대상이 아니라 오히려 추구하고 구현시켜야할 대상으로 여겼다.

그러나 이익을 좋아하는 것은 모든 인간의 공통적인 천성으로서 탐욕을 부리거나 자기 혼자서 이익을 독점하려 드는 쟁리爭利를 반대하고 이익을 모두가 함께 공유하는 동리同利를 제창하였다.

이해는 서로 상충되는 것인데 어떤 방법으로 이를 공유할 수 있는가. 심대윤은 인간은 누구나 동일하게 이익을 좋아하고 또 그것을 구현하고자 하는 욕망을 가진 존재이므로 자기가 원하는 것을 미루어 남과 함께 나누는 충忠과 자기가 원하지 않는 것은 남에게도 요구하지 않는 서恕를 그 방법론으로 제시하였다.

정주의 성리학性理學에서는 충서忠恕를 이리를 구현하는 방법론으로서 설명하였는데 심대윤은 성리학性利學의 관점에서 이리를 함께 나누는 동리同利의 방법론으로서 충서忠恕를 설명한 것이다.

그러면 심대윤의 성리학性利學이 호리好利, 동리同利를 지나서 궁극적으로 도달하고자한 최종 목표는 무엇이었는가. 그것은 복리福利였다. 복리란 무엇인가. 행복과 이익이 구전俱全한 상태를 가리킨다. 정신적으로 행복하고 물질적으로 풍족한 복리사회를 건설하는 것이 심대윤 성리학性利學의 목표요 꿈이었다고 할 수 있다.

현대 자본주의는 호리好利, 쟁리爭利, 독리獨利로 규정할 수 있다. "개인의 이기적인 행동이 사회 전체의 효용성을 극대화한다."라는 아담 스미스의 주장은 자본주의의 호리적好利的인 시각을 잘 대변 한다.

개인적인 부를 축적하기 위해 약육강식의 경쟁적인 쟁리爭

利 현상이 나타나고 무절제한 탐욕 속에 최상위 1%가 이익을 독차지하는 승자독식의 독리獨利 현상이 보편화 된 것이 오늘 자본주의 일그러진 얼굴이다.

그런 점에서 호리好利, 동리同利, 복리福利를 추구하는 심대윤의 사상은 호리好利, 쟁리爭利, 독리獨利로 규정되는 오늘의 자본주의와 출발점은 같지만 목표와 방법론이 다르다고 할 수 있다. 시장 자본주의 이후의 새로운 사회를 건설하는데 있어 심대윤의 삼리사상三利思想은 좋은 이론적 토대가 될 수 있다.

5) 자본주의 이후의 사회와 심대윤의 복리주의福利主義

심대윤은 학문이 완숙의 경지에 이른 57세 때 자신의 사상을 개괄하여 한 책에 담아 기술하고 그 책 이름을 『복리전서福利全書』라고 하였다 그 서문에서 다음과 같이 말했다.

"이 책 가운데 기록한 것은 다 상고시대 성인들의 미묘한 요결이고 나의 사사로운 생각에서 나온 것이 아니다. 진실로 성심으로 읽고 정밀하게 생각하여 가슴속 깊이 새겨 잃어버리지 않는다면 한량없는 복리를 이룰 수가 있을 것이다."

유교에서 지칭하는 성인聖人은 통상 공맹을 가리킨다. 그러나 심대윤은 여기서 그냥 성인이라고 말하지 않고 성인이라는 명사 앞에 상고上古라는 용어를 덧붙였다.

공맹은 춘추전국시대의 인물로서 춘추전국시대를 상고시대라고 말하지 않는다. 여기서 우리는 심대윤이 말하는 성인은 공맹을 가리키는 것이 아니라 공맹 이전의 상고시대의 성인을 가리킨다는 사실을 알 수 있다.

상고시대의 성인이란 누구를 말하는 것인가. 주공, 공자 이전의 복희, 신농, 요, 순, 은탕殷湯 이런 분들이 심대윤이 말하는 상고시대의 성인에 해당할 것이다. 이들은 공맹이 사상적 원류로 추앙한 공맹 유학 이전 원시유학의 성인들이고 중국의 서화西華 유학 이전의 동이東夷 유학의 성인들이다.

심대윤의 사상이 상고시대 성인의 사상에 기반하고 있다는 것은 그가 이익을 좋아하는 것을 인간의 천성으로 제시하면서 그 근거를 공자 이전의 경전인 『서경書經』의 "하늘이 백성을 내시니 그들은 태생적으로 욕구를 가지고 태어났다.(天生民有欲)"라고 말한 것에 두고 있는 데서 알 수 있다.

그는 여기에 기초하여 "욕구는 하늘이 명한 본성이다.(欲者天命之性也)"⟨『심대윤전집』1, 「복리전서」, P134⟩ "사람이 하늘과 땅의 기운을 받아 본성이 되었으니 그것을 욕구라고 한다.(人稟天地之氣 而爲性 曰欲)"⟨『심대윤전집』1, 「복리전서」, P135⟩와 같은 논리를 전개했다.

심대윤은 인의를 높이고 이익을 경시한 공맹의 주장, 천리를 본성으로 인정하는 정주의 성리학적性理學的인 주장을 따르지 않고 공맹 이전의 원시 유학으로 돌아가 "욕자欲者 천명지성야天命之性也"라는 독창적인 논리를 바탕으로 정신적 행복과 물질적 풍요가 함께하는 복리사회를 실현하기를 꿈꾸었다.

심대윤이 주장한 복리의 개념은 현대 시장 자본주의가 새로운 출로를 모색하기 위해 지향하는 복지의 개념보다 의미상에서 볼 때 한 층 더 아름다운 개념이다.

'福祉복지'는 복福 자와 지祉 자가 모두 행복을 뜻하는 내용으로 물질적 이익의 의미가 결여되어 있다. 자본주의가 사리사욕을 지향하는 폐단이 있다고 해서 다시 지나치게 복지 쪽으로 편향되어 나간다면 새로운 모순에 빠질 수 있다. 적은 근로시간, 긴 휴가, 무상급식 등 지속 불가능한 것으로 판명된 유럽식 자본주의가 그것을 잘 증명한다.

그런 점에서 정신적 행복과 물질적 풍요가 함께하는 복리 균형 사회를 이상으로 추구한 심대윤의 복리주의는 유교의 도덕주의와 구별되고 또 승자 독식적 자본주의, 복지 편향적 자본주의와도 구별된다.

따라서 심대윤의 복리주의는 자본주의 이후의 사회에 새로운 패러다임을 형성하는데 있어 좋은 논리적 이론체계를 제공

할 수 있다고 하겠다.

6) 심대윤의 복리주의는 새로운 자본주의의 대안이 될 수 있는가

모두가 행복한 사회가 '유토피아'라면 모두가 불행한 사회가 '디스토피아(Dystophia)'이다. 현대의 시장중심 자본주의는 최상위 1% 계층에게 행복을 가져다주는 데는 성공한 반면 다수가 경제성장의 과실을 함께 누리지 못하고 불행한 삶을 영위하는 결과를 가져왔다.

그래서 '월가를 점령하라.'와 같은 반체제 저항운동이 전세계로 확산되면서 위기가 증폭되고 있다. 전 세계적으로 갈등을 분출하고 있는 고장난 자본주의를 그냥 이대로 둔다면 머지않아 폭발할 가능성을 우려하는 시각도 제기 되었다.

현행 자본주의 체제를 다른 자본주의 체제로 변형시켜야 하지만 자본주의 제도를 대체할 마땅한 대안이 없어서 어떻게 하는 게 좋을지 고민하고 있는 것이 오늘의 현실이다.

최근 개최된 다보스포럼에서는 자본주의의 대안으로 인재주의가 논의되기도 하였다. 인재주의란 사회구성원 개개인, 나아가 사회전체의 만족과 창의성을 극대화해야 경제발전을 이룰 수 있다는데 초점을 맞추고 있다.

그러나 이것은 자본주의의 부분적 병폐를 치유하는 데 기여할 수 있을 뿐 우리가 원하는 새로운 자본주의의 대안은 못 된다. 오늘의 자본주의를 대체할 새로운 대안을 찾기 위해서는 먼저 자본주의가 위기에 빠지게 된 병인의 정확한 진단부터 필요하다.

현대 자본주의의 병폐는 대략 세 가지로 정리할 수 있다고 본다. 첫째 가치관의 문제이다. 자본주의의 아버지로 불리는 아담 스미스가 『국부론』에서 개인의 이익을 추구하는 이기적 행위가 공공의 이익을 추구하는 이타주의보다 더 효율적이라고 평가한 데 오류가 있다. 자본주의의 이런 이기적인 가치관이 오늘의 탐욕 자본주의를 형성하는 결과를 가져왔다는 사실을 부인하기 어렵다.

둘째 자본을 축적하는 방법론의 문제이다. 현대 자본주의, 특히 신자유주의는 시장의 자율과 무한 경쟁만을 강조하고 공정한 경쟁의식이 결여된 나머지 부익부, 빈익빈의 양극화 현상을 초래하는 요인이 되었다.

셋째 부의 분배 문제이다 자본주의는 수익률과 효율성을 강조하고 소득의 공정한 분배에 대한 논의가 취약하다. 소득의 불평등한 분배가 자본주의의 치명적 결함으로 대두되면서 우리사회가 모두 행복한 유토피아 사회가 아니라 1%만 행복하고 99%가 불행한 디스토피아 사회로 전락해가고 있다.

오늘 자본주의가 위기를 빠져나와 새로운 출로를 모색하기 위해서는 첫째 인생관에서 나만 잘 살면 된다는 이기주의적 가치관의 수정이 있어야 한다. 더불어 나누면서 함께 행복하게 살아가겠다는 가치관의 전환이 있어야 한다.

둘째 자본과 이윤을 취득하는 과정에서 자유시장의 무한 경쟁이 아닌 공정한 경쟁, 정당한 경쟁이 이루어질 수 있도록 제도적인 전환, 시스템의 보완이 이루어져야 한다.

셋째 수익률과 효율성 못지않게 공정한 분배문제를 중요하게 다루어 승자독식의 불평등한 분배를 원천적으로 차단해야 한다.

인간의 본질 문제를 이익을 좋아하는 욕구라는 차원에서 다루면서도 그 욕구를 어떻게 조절하고 관리하여 모두가 행복한 삶을 누릴 수 있을까를 고민하고 그 문제를 체계적으로 논의한 것이 심대윤의 성리학性利學이다.

그래서 심대윤의 성리학性利學은 선과 악의 문제를 형이상학적 고차원에서 다루지 않고 현실생활에서 공과 사를 가지고 다음과 같이 설명했다. "사람은 누구나 천성적으로 이익을 좋아하고 명예를 좋아한다. 그런데 이익과 명예는 그것을 자기가 독점하면 악이 되고 남들과 함께 공유하면 선이 된다. 이것이 선과 악의 분기점이다.(人之性 莫不好利好名 而名利之爲物 私於己則爲惡 公於人則爲善 此善惡之所以分也)"〈『심대윤전집』1, 「복리전서」, P135〉

동양에서 인간의 선악 문제는 맹자와 순자의 성선, 성악론을 출발점으로 해서 논란이 많았다 그런데 심대윤은 인간이 현실에서 이익을 공유하느냐 아니면 독점하느냐 하는 문제가 선악의 분기점이라고 말했다.

이익과 욕구의 공유가 선이요 그 반대가 악이라고 생각하여 공과 사를 선과 악으로 규정한 심대윤의 성리학性利學은 동서양의 그 어떤 사상보다도 선악 문제를 단순명료하게 설파했다고 할 수 있다.

그러면 왜 이익의 독점이 악이 된다고 생각하는가. 거기에 대해서 심대윤은 다음과 같이 말한다. "어째서 이익을 혼자서 독점하면 악이 된다고 하는가. 이익을 혼자서 독점하면 남에게 피해를 끼치기 때문이다.(何以私於己則爲惡也 私於己則 必害於人)"〈『심대윤전집』1, 「복리전서」, P135〉

남에게 이익을 끼치는 것이 선이요 피해를 끼치는 것이 악이며 이익을 남과 함께 나누는 것이 선이요 이익을 혼자 독점하는 것이 악이라는 심대윤의 성리학적性利學的 선악론은 동양 전통유교의 성리학적性理學的 선악론과도 다르고 현대 서구 자본주의의 선악론과도 다른 독창적인 선악론이다.

중용中庸은 유가철학에서 인간이 궁극적으로 도달하기를 요망하는 최고의 경지이다. 정주의 성리학性理學에서는 중용을 "치우치거나 의지함이 없고 지나치거나 불급함이 없는 것을 중이라 한다.(不偏不依 無過不及之謂中)"라고 하였다.

그러나 심대윤의 성리학性利學에서는 중용에 대한 관점도 달랐다. 이익에 치우쳐서 남에게 피해를 입히거나 명예에 치우쳐서 나의 이익에 피해를 당하지 않고 명예와 이익 이 양자를 균형 있게 완성하는 것이 중용이고 그것이 인간이 살아가는 최선의 방도라고 하였다.

"인간의 도리란 것은 명예와 이익일 따름이다. 만일 전적으로 자신의 이익만을 위하여 남에게 피해를 끼치고 명예에 손해를 입거나 전적으로 명예만을 위하여 자신에게 박하게 하고 이익에 손해가 가게 한다면 이는 모두 그 본성을 상실하고 그 몸에 재앙을 미치게 하는 것이다.

반드시 명예와 이익 이 양자를 함께 추구하여 어느 한쪽으로 치우치지 않게 해야지만 그 본성을 완성할 수가 있다. 명예와 이익을 함께 추구하여 그 어느 한 쪽에 치우치지 않도록 하는 것이 중용이고 지선至善의 도이다. 중용이란 것은 선의 큰 것이고 이익의 지극한 것이며 복이 결집된 것이다.(人道者 名利而已也 若專爲利 以害於人 損乎名 專爲名 以 薄於己 損於利 是皆偏喪其性 而殃其身也 必名利兩遂 而不偏然後 乃成其性 名利 兩遂 而不偏 中庸至善之道也 中庸者 善之大 利之至 福之萃也)"
〈『심대윤전집』1,「복리전서」, P135〉

유가에서는 인을 행하고 의를 실천하는 것이 인간의 도리라고 가르친다. 그런데 심대윤은 이익을 좋아하고 명예를 추구하는 것이 인간의 본성이며 따라서 이익과 명예 이 양자가 어느 한쪽에 치우치지 않고 조화를 이루도록 하는 것이 인간의 도리라고 말한다.

그리고 중용이란 보통사람이 도달할 수 없는 그런 현학적인 경계가 아니라 명예와 이익 양자가 현실에서 적절히 구현되어 정신적으로 행복하고 물질적으로 풍요한 안락한 상태 그것이 바로 중요의 경지라고 여겼다.

심대윤의 성리학性利學은 사변적인 윤리중심의 전통 유교와 다르고 자기중심적인 이익편중의 현대 자본주의와도 구별된다 지극히 현실적이면서도 근원적인 철학에 뿌리를 두고 있고 이익을 추구하지만 남에게 피해를 주는 사리와 탐욕을 경계하는 것이 심대윤이 주장하는 성리학性利學의 내용이다.

심대윤의 성리학性利學은 철학이 빈곤한 자본주의의 이론적 기초를 마련하는데 그리고 공리보다 사리추구를 정당화하는 인간의 잘못된 가치관을 바로잡는데 크게 참고가 될 수 있다.

심대윤이 주장한 호리好利, 동리同利, 복리福利의 삼리사상三利思想, 특히 충서忠恕를 통한 동리同利의 구현 방법론은 무한 경쟁적 시장 자본주의, 승자독식의 불평등한 자본주의의 모순을 해결하고 새로운 공정한 자본주의, 공존적 자본주의로 재탄생시키는데 크게 기여할 수 있다.

정신적 행복과 물질적 풍요가 함께 하는 사회를 이상으로 추구한 심대윤의 복리주의 사상은 복지의 개념과 자본의 개념이 지닌 특성을 아우른 것으로서 경제성장의 과실을 1%가 독차지하는 신자유주의적 디스토피아 사회를 모두가 행복한 유토피아적 사회로 전환시키는데 큰 역할을 할 수가 있다고 하겠다.

4
맺는 말

현재 자본주의는 크게 세 가지 유형이 존재하고 있다고 본다. 서구식 자본주의, 중국식 자본주의, 한국식 자본주의가 그것이다 기독교+민주주의+자본주의가 서구식 자본주의이고 유교+사회주의+자본주의가 중국식 자본주의이고 유교+민주주의+자본주의가 한국식 자본주의이다.

리먼 브라더스 사태 이후 서구식 신자유주의적 자본주의는 실패한 자본주의로 판명되었다. 중국의 유교+사회주의적 자본주의와 한국의 유교+민주주의적 자본주의는 현재 실험단계에 있다. 그래서 세계의 경제학자들이 한국의 자본주의와 중국의 자본주의의 미래를 주목한다.

앞으로 중국식 자본주의가 성공하게 된다면 세계는 민주적 자본주의가 아닌 권위주의에 기초한 중국식 국가 자본주의가 지배하게 될 것이고 한국식 자본주의가 성공한다면 한국이 영토는 비록 작지만 미래 사회에 새로운 자본주의의 발상지가 될 것이다.

최근 다보스포럼에 참석한 로고프 하버드대 교수는 조선일보 기자와 가진 인터뷰에서 "중국은 아직도 초기 자본주의로서 해안도시는 21세기 첨단을 걷고 있고 국민 3분의 2는 18세기적 삶을 영위하고 있어 결코 대안이 될 수 없는 체제이다." 라고 중국식 국가 자본주의의 미래에 대해 부정적인 견해를 피력하였다.

중국이 자본주의 시장경제 체제를 받아들인 이후 놀라운 경제성장을 이룩하면서 자본주의는 민주주의와 결합했을 때 뿐만 아니라 사회주의와 결합했을 때에도 유용하게 작동한다는 사실이 입증되었다.

자본주의는 이제 더 이상 민주주의 국가의 전유물이 아니며 자본주의와 민주주의가 상호 의존적 관계라는 이론에도 의문이 생기게 된 것이다.

『자본주의 4.0』의 저자 아나톨 칼레츠키는 다음과 같이 말했다 "중국은 저가 제품을 미국과 유럽 소비자에게 공급하면서 막대한 무역 흑자를 유지하고 낮은 환율을 유지하는 경제정책을 고수하고 있다. 그래서 서구 국가들의 외채는 계속 늘어나고 비숙련 제조업의 일자리는 계속 줄어들고 있다. 중국은 경제적 자신감 때문에 서구의 민주주의와 인권을 더 완고하게 거부하고 있다.

마지막으로 가장 중요한 점은 중국이 권위주의적인 정부주도의 경제개발 모델에 점점 자신감을 보이고 있고 이 때문에 서구의 지정학적 이해관계와 마찰을 빚는 것이 불가피하다는 사실이다. 그리고 신흥국들에게는 중국의 경제개발 모델이 민주적 시장주도 개발 모델보다 더 나은 대안처럼 여겨질 수도 있다."

칼레츠키는 이어서 다음과 같은 말을 덧붙이고 있다 "우리는 역사가 기록된 5,000년의 대부분 기간 동안 중국이 서유럽이나 미국보다 더 응집력 있고 영속적이며 성공적인 사회였다는 동양적인 관점을 받아들일 수도 있다.

이러한 관점에서 보면 21세기 중국의 부상은 문화적 가치와 국가 이익을 위해 글로벌 리더십의 위상을 자연스럽게 다시 회복하는 것일 뿐이다."

현재 중국의 국가 자본주의에 대한 평가는 이상에서 보는 바와 같이 긍정적 시각과 부정적 시각이 교차 한다. 따라서 현재로서는 정확한 판단이 쉽지 않으며 좀 더 시간을 두고 발전과정을 지켜볼 필요가 있다.

그러나 지금까지 나타난 현상을 지켜볼 때 중국의 국가 자본주의는 자본주의가 안고 있는 폐단들 예컨대 무한경쟁, 승자독식, 부익부 빈익빈과 같은 문제점들을 극복하지 못한 채 그대로 답습하고 있다. 앞으로 이러한 폐단이 누적될 때 중국의 국가 자본주의 역시 서구의 시장 자본주의의 전철을 밟게 될 것이 뻔하다.

중국은 이러한 불행한 결과를 미연에 방지하기 위해 애쓰고 있으며 그 대안으로서 제기된 것이 유교윤리이다 천안문 광장에 공자의 동상을 세우는 등 공자가 다시 급부상하고 있는 것도 바로 이런 이유에서이다.

그러나 그것이 그렇게 용이하게 해결될 사안은 아니라고 본다. 왜냐하면 중국이 이념적으로 지향하고 있는 마르크스주의는 전통을 긍정하지 않는 부정의 철학에 기초한 것으로서 유교와 사회주의가 접점을 찾아 자본주의적 발전에서 상승작용을 일으키기는 쉽지 않을 것이기 때문이다.

한국은 60여년에 달하는 민주적 자본주의 역사를 갖고 있다. 민주주의는 열린 체제로서 동양의 전통 유교윤리와 결합하여 새로운 발전을 도모하는데 비교적 모순이 적다고 할 수 있다.

한국뿐 아니라 동아시아의 유교전통 국가들이 대체로 자본주의에서 성공적인 사례가 많은 것도 민주주의의 열린 체제와 결합한 것과 무관하지 않다고 본다.

그러나 이익을 배격하고 의리만을 존중하는 공맹의 유교윤리와 욕망을 부정하고 천리만을 인정하는 정주의 성리학 체계로서는 위기에 처한 현대 자본주의를 대체할 새로운 자본주의의 대안을 창조하기는 어렵다고 본다.

심대윤의 성리학性利學, 삼리사상三利思想, 복리주의福利主義는 욕망과 이익추구를 인간의 천성으로 인정하지만 충서忠恕의 방법론을 통해 무한경쟁의 쟁리爭利가 아닌 함께 나누는 동리同利를 지향하고 궁극적으로는 물질적 풍요와 정신적 행복이 아울러 구현되는 복리사회福利社會를 실현시키는 것을 이상으로 한다는 점에서 전통 유교윤리와 현대 자본주의 정신을 모두 포괄한다고 말할 수 있다.

『자본주의 4.0』의 저자 아나톨 칼레츠키가 작년 한국을 방문했을 때 "중국은 민주주의 국가가 아니고 일본은 정치 경제 문화적으로 정체된 상황이라서 새로운 아이디어가 나오기 어렵다."라고 말하면서 "활력 넘치는 경제와 사회분위기를 가진 한국에서 (새로운 자본주의에 대한) 유용한 아이디어가 나올 것"이라고 전망했다.

이것은 서구 자본주의의 몰락과 함께 자본주의의 중심축이 아시아 지역으로 이동해 왔고 아시아의 자본주의 가운데서는 한국 자본주의의 미래에 대한 기대가 그만큼 높다는 것을 반영한다.

이런 기대를 반영이라도 하듯 여야 정치권은 최근 '경제민주화'를 토대로 한 새로운 한국형 자본주의의 구축을 앞 다퉈 외치고 있다. 한국의 민주 자본주의가 앞으로 심대윤의 성리학性利學, 삼리사상三利思想, 복리주의福利主義를 창조적으로 수용하여 자본주의의 모순을 극복하고 한계를 보완하는데 활용한다면 서구 자본주의 이후 사회를 이끌어 갈 새로운 자본주의에 대한 유용한 아이디어가 한국에서 나올 가능성은 충분히 있다고 하겠다.

본 논문을 마무리하면서 끝으로 세 가지 건의사항을 제시하고자 한다. 첫째 심대윤은 시대를 잘못 태어나 불우한 생애를 보냈다. 그가 만일 서구에서 태어났거나 지금 이 시대에 태어났더라면 세계적인 학자로서 추앙받았을 것이다.

심대윤의 사상은 봉건사회가 아닌 오늘의 민주시대에 적합한 사상이고 특히 위기에 빠진 자본주의를 구출하고 결함을 보완하는 데 필요한 사상이다.

새로운 자본주의는 시스템을 개선하는 것만으로는 재창조되지 않는다. 인생관 가치관에 대한 철학적 체계의 보완이 필요하다. 앞으로 새 한국형 자본주의 모델을 개발하는데 정부와 학계가 나서서 심대윤의 사상을 적극적으로 검토 해 줄 것을 건의 한다.

둘째 위당 정인보가 심대윤을 중국의 대진戴震이나 한국의 정다산보다 높이 평가하였는데 대진과 정다산은 지금 그들의 유적을 모두 성역화 하여 잘 보존되고 있다. 비록 늦었지만 지금이라도 심대윤 관련 유적들을 찾아서 보존하는 작업을 서둘러야 한다.

심대윤은 당시 안성 고을의 가곡佳谷 '가재울' 이란 마을에서 살았는데 지금의 행정구역으로는 이곳이 용인시 원삼면 가좌리에 편입되어 있다. 그리고 안성 읍내 동리東里에서는 형제들과 함께 반상飯床을 만드는 공방을 열어 운영하기도 하였다. 경기도와 안성시, 용인시에서는 이런 관련 유적들을 찾아 기념공원, 기념관을 만들고 동상을 세워서 그의 빛나는 사상을 선양하는데 노력을 기울여 줄 것을 건의 한다.

셋째 심대윤은 청송심씨 가문을 넘어 국가의 자랑이다. 이런 위대한 인물이 우리 가문에서 태어났는데 아직까지 선양이 안되고 묻혀 있었다는 것은 자손의 수치가 아닐 수 없다. 지금이라도 선생을 현양시키는 일에 청송심씨 자손들이 앞장서야 한다.

심대윤이 궁극적으로 구현하고자 노력했던 복리주의에서

이름을 따서 '백운복리재단'을 만들고 100억 정도의 기금을 조성, 심대윤 전집을 번역, 출판하고 학계의 심대윤 연구를 지원하고 심대윤학술상을 제정해서 심대윤 현양사업에 청송심씨가 견인차 역할을 해줄 것을 건의한다.

— 2012년 2월 27일 세미나 발표자료

저자 심백강

역사학박사 / 민족문화연구원장

서구에서 엘빈토플러가 『제3의 물결』을 외칠 때 『제3의 사상-신자유주의와 제3의 길을 넘어서-』를 썼다. 새천년 인류의 새로운 패러다임을 제시한 동양권의 유일한 저작이다.

『퇴계전서』, 『율곡전서』, 『조선왕조실록』 등 한국의 주요 고전들을 번역한 국내 굴지의 한학자이자 동양학자이다. 『이야기로 배우는 동양사상』, 「불교편」, 「유가편」, 「도가편」은 동양사상의 대중화에 크게 기여했다. 한 학자가 유, 불, 도 삼교사상에 두루 정통하여 이를 각각 한권의 책으로 펴낸 것은 한, 중, 일 삼국을 통틀어 보기 드문 일이다.

『사고전서』는 청나라에서 국력을 기울여 편찬한 근 8만권에 달하는 사료의 보고다. 『사고전서』의 사료적 가치를 국내에 처음 소개하여 한국고대사 연구의 새장을 열었다. 최근에 저술된 『한국 상고사 환국』, 『잃어버린 상고사 되찾은 고조선』, 『사고전서에 나타난 발해조선의 역사』, 『사고전서 사료로 본 한사군의 낙랑』, 『교과서에서 배우지 못한 우리역사』는 『사고전서』를 바탕으로 강단사학과 재야사학을 넘어 한국 고대사의 체계를 새롭게 세웠다는 평가를 듣는다. 청와대 대통령실, 중앙공무원교육원 고위정책과정, 교육부 한일역사공동위원회, 경기도 교육청, 충남도청, 장성군청, 거제시청, 인간개발연구원, 동북아역사재단, 한국교원대학교, 한국학중앙연구원, 국정원, 국학원 국민강좌, KBS1TV 아침마당, KBS2TV 등에서 특강을 하였다.

자본주의 사회주의 홍익주의

초판 1쇄 인쇄 2025년 9월 5일
초판 1쇄 발행 2025년 9월 9일

지은이 심백강
발행인 육일
인 쇄 서울컴
펴낸곳 바른역사
편집 고연 | **표지** 고미자
주 소 서울시 서초구 반포대로23길 13, 5층 L104호
전 화 02-6207-2544, 031-771-2546

가격 18,000원
ISBN 979-11-952842-5-2

이 책의 저작권은 저자에게 있습니다.
저자와 출판사의 허락없이 내용의 일부를 인용하거나
발췌하는 것을 금합니다.